明治大学社会科学研究所叢書

QOLとマーケティング

クオリティ・オブ・ライフ理論の構築をめざして

高橋 昭夫
Akio Takahashi

【編著】

同友館

は し が き

　本書は、明大社会科学研究所の総合研究「QOLとマーケティング」の研究成果をまとめた論文集である。マーケティングの研究領域において、社会指標（Social Indicators）の1つとしてクオリティ・オブ・ライフ（QOL）が着目されたのは、1971年のアメリカン・マーケティング協会（AMA）の国際会議であった。そのワークショップにおいて、"マーケティングにとっての社会指標―マーケティング管理への新しい道具"というテーマで議論が行われた（Clewett, R. L. and J. C. Olson, eds., *Social Indicators and Marketing*, Chicago, AMA, 1974）。そして、1978年には、"マーケティングとクオリティ・オブ・ライフ"会議がAMAのスポンサーにより開催された。その内容は、Reynolds, F. D. and H. C. Barksdale, eds., *Marketing and the Quality of Life*, Chicago, AMA, 1978. として出版されている。その後、多くの研究が報告されている（Sirgy 2001）。

　わが国でもマーケティングの研究領域における先駆的な研究として、村田昭治・丸尾直美編「福祉生活の指標を求めて―『生活の質』の研究―」有斐閣、1973年がある。その研究では、クオリティ・オブ・ライフ指標についてインターディシプリナリー・アプローチを主軸に行動科学の観点から考察を加えている。しかしながら、欧米でのマーケティング学者によるQOL研究の蓄積に比べ、わが国においては研究が十分に進展してきたと言える状況にはないと思われる。

　総合研究は、文献サーベイからスタートした。まず、マーケティング関連のQOL文献をサーベイする中で、M. J. SirgyがQOL研究の中心的な研究者のひとりであることが明らかになり、Sirgyの代表的著作である *Handbook of Quality-of-Life Research; An Ethical Marketing Perspective*, Kluwer Academic Publishers, 2001. を翻訳（2005年に同友館から『QOLリサーチ・

ハンドブック』として出版）しながら、QOLに関する基礎概念および基礎理論を検討する作業を行った。これらの作業から、QOLが次のような特性を有していることが明らかになってきた。第1に、QOLという概念は非常に多様な学問的背景を有しているという点である。残念なことに、QOLとは何かという点についてコンセンサスが存在していない。第2に、QOLはその言葉の通りある種の「質」を表しており、その意味では測定になじまない部分があるという点である。第3に、QOLの捉え方や評価はライフ・サイクルの段階や人口統計学的特性の違いによって異なった性格を有しているという点である。第4は、QOLリサーチでは各生活領域に特化した形でリサーチがかなり進展しているという点である。第5に、QOLに影響を与えるさまざまな外部要因が存在しており、またそれらの外部要因がQOLへ与える影響も多様であるという点である。

　そこで本研究では、これらの特性を踏まえて、次のようなサブ・テーマのもとに研究を行った。まず第1章で、高橋はQOL概念の多義性とマーケティングの関係について考察を加えた。QOLの概念は魅力的であるが多義的であるので、多面的な接近の必要性を提唱した。第2章で、福田は、マーケティング研究において一般的に受容されている測度開発の枠組みとしてChurchillの測定パラダイムを検討し、このパラダイムをQOL概念の測定にそのまま適用した場合に生じる結果とそこでの課題について考察を行った。第3章で、澤内・高橋は、消費者QOLを増進するための小売業のマーケティング戦略に関する理論的研究を担当した。マーケティングは、消費者のQOLにプラスばかりではなく、マイナスの影響も与えている。小売業者のマーケティング戦略は、直接的に消費者の生活に影響を及ぼすものである。いわゆる価格破壊という現象は、消費者の生活へのメリットが強調されてきたが、いくつかのデメリットももたらしてきた点を明らかにした。第4章で、藤井は、QOLと交通政策に関する理論的研究を行った。QOLを考慮した交通政策と、従来の効用主義ないし厚生主義的帰結主義に依拠する交通政策と

が相互に補完し合う結果、現実に生活する人間にいっそう近い視点からの交通政策が可能となっていくことを主張した。第5章で、高橋は、生活満足としてのQOLに関する定量的な研究を実施した。フルタイムの労働者が自らの生活を評価するという観点から生活満足と職務満足の関係を明らかにした。第6章で、Buckley・Takahashi は、デルファイ法を用いて定性的にQOLに関する地域的な異文化間の比較研究を行った。そのパイロット調査として、米国の大学生と日本の大学生に対してデルファイ法を用いてQOL調査を実施した。また、デルファイ調査自体に関して、普遍的（etic）観点および文化拘束的（emic）観点から考察を加えた。

さて、高橋・藤井・福田の3名は、大学もしくは大学院時代に澤内隆志教授より研究指導を賜った。この総合研究においてもご指導を受けながら本研究をまとめる機会を得たことならびに古希を迎えられる本年に上梓できたことは、望外の喜びである。ここに記して深く感謝申し上げる次第である。

最後に、出版をご快諾いただいた同友館社長の脇坂康弘さん、ならびに研究会の雑務を引き受けてくれた明治大学大学院商学研究科博士後期課程の上原義子さんにお礼を申し上げたい。

なお、本書の執筆にあたっては、事前に構成・用語・記号などの統一を図ったが、専門領域が異なるためおよび各章内容での文脈上のために、必ずしも統一されていない部分もあると思われる。読者の寛容を乞う次第である。

2008年1月

高橋　昭夫

目　次

はしがき

第1章　QOL概念の多義性とマーケティング（高橋昭夫） ……… 1
1．はじめに………………………………………………………… 2
2．マーケティング研究におけるQOL概念の位置づけ ………… 3
3．QOL概念の多義性とその原因 ……………………………… 8
　3-1．QOL概念の多義性 ……………………………………… 8
　3-2．QOL概念の多義性の原因 ……………………………… 10
4．質の概念と生活の概念 ……………………………………… 11
　4-1．質の概念…………………………………………………… 11
　4-2．生活の概念………………………………………………… 12
5．QOLへの諸接近……………………………………………… 15
6．むすびにかえて……………………………………………… 18

第2章　マーケティング・リサーチにおけるQOL概念の測定：
　　　　　測定モデルと測定指標開発（福田康典）…………… 23
1．はじめに……………………………………………………… 24
2．マーケティングの社会的成果としてのQOL概念 ………… 25
3．構成概念の測定に関する標準的な考え方：
　　Churchillの測定パラダイム ……………………………… 27
　3-1．測定の目的と具体的手続き……………………………… 28
　3-2．ドメイン・サンプリング・モデル ……………………… 31
4．2つの測定モデル：測定モデルと指標選択ルールの適合性 …… 32

5．QOL 概念とその測定モデル ……………………………………… 39
　　　5－1．QOL に関する既存指標 ……………………………………… 40
　　　5－2．QOL 概念の測定と FIMM ………………………………… 42
　　6．QOL の測度開発に関する課題：将来の研究方向に関する試論 …… 43
　　7．むすびにかえて………………………………………………………… 45

第3章　消費者 QOL と小売業（澤内隆志・高橋昭夫）……………… 49
　　1．はじめに………………………………………………………………… 50
　　2．小売業者の価格戦略の一般的傾向と問題点………………………… 52
　　　2－1．価格破壊の意義とそのタイプ……………………………… 52
　　　2－2．価格破壊の現状……………………………………………… 54
　　　2－3．ディスカウント戦略の意義と形態………………………… 57
　　3．小売業者の商的流通における課題…………………………………… 59
　　　3－1．小売業者の役割とそのコンセプト………………………… 59
　　　3－2．企業間における商的流通の現状と課題…………………… 64
　　　3－3．商的流通の解決の方法……………………………………… 66
　　4．小売業者のマーケティング戦略……………………………………… 69
　　　4－1．リテイル・ストラテジー・ミックスの意義 …………… 69
　　　4－2．小売戦略要素の特性………………………………………… 72
　　5．むすびにかえて………………………………………………………… 77

第4章　QOL と交通政策（藤井秀登）……………………………… 81
　　1．はじめに………………………………………………………………… 82
　　2．自動車依存社会の帰結………………………………………………… 83
　　　2－1．経済的効率性の追求………………………………………… 83
　　　2－2．持続可能性への取り組み…………………………………… 86
　　3．QOL の構造と評価 …………………………………………………… 90

3－1．QOL の重層的構造 …………………………………… 90
　　3－2．効用、ケイパビリティと QOL …………………………… 93
　4．持続可能性、モビリティ、アクセシビリティと交通政策 ……… 96
　　4－1．モビリティ、アクセシビリティの確保と QOL ………… 96
　　4－2．QOL、価値と交通政策 …………………………………… 100
　5．むすびにかえて ……………………………………………………… 104

第5章　生活満足への定量的接近（高橋昭夫）………………… 109
　1．はじめに ……………………………………………………………… 110
　2．生活満足としての QOL …………………………………………… 110
　3．調査の目的と対象 …………………………………………………… 114
　4．生活への時間配分と仕事生活 …………………………………… 118
　　4－1．生活への関心と行動の時間配分 ………………………… 118
　　4－2．仕事生活と非仕事生活の関係 …………………………… 119
　　4－3．調査結果1：相関分析の結果 …………………………… 122
　5．職務満足 ……………………………………………………………… 123
　　5－1．職務満足の測定 …………………………………………… 123
　　5－2．個別的職務満足 …………………………………………… 124
　　5－3．職務満足 …………………………………………………… 124
　　5－4．探索的因子分析 …………………………………………… 125
　　5－5．重回帰分析 ………………………………………………… 128
　6．生活満足 ……………………………………………………………… 129
　　6－1．生活満足の測定 …………………………………………… 129
　　6－2．個別的生活満足（個別的非仕事生活満足）…………… 130
　　6－3．生活満足（非仕事生活満足）…………………………… 131
　　6－4．探索的因子分析 …………………………………………… 132
　　6－5．重回帰分析 ………………………………………………… 134

6-6．全体的生活満足 ……………………………………… 135
6-7．全体的生活満足に関する重回帰分析 …………………… 136
7．職務満足と生活満足の構造 ………………………………… 136
8．むすびにかえて ……………………………………………… 139

Chapter 6 Etic and Emic Perspectives of a Regional Cross-Cultural Delphi Study
―Quality of Life in the United States and Japan―
(Patrick H. Buckley, Akio Takahashi) …………… 147

1. INTRODUCTION ……………………………………………… 148
2. QUALITY OF LIFE, FORESIGHTING
   AND THE DELPHI METHOD ……………………………… 151
   2.1 Quality of Life (QOL) ……………………………………… 152
   2.2 Foresight ……………………………………………………… 158
   2.3 Delphi Method ……………………………………………… 163
3. ETIC AND EMIC PERSPECTIVES
   AND CROSS-CULTURAL QOL STUDIES ……………… 166
   3.1 Defining Etic and Emic Knowledge in QOL Studies ……… 166
   3.2 Etic and Emic Perspectives and Research Methodologies … 168
4. STRUCTURE AND ORGANIZATION ……………………… 173
   4.1 Panel Backgrounds ………………………………………… 174
   4.2 Instrument Development …………………………………… 176
   4.3 Application: Delphi Rounds of Data Collection,
       Discussion and Analysis ………………………………… 177
5. EXIT INTERVIEW RESULTS AND ANALYSIS ……………… 179
6. CONCLUSIONS ……………………………………………… 188

第1章

QOL 概念の多義性とマーケティング[1]

高橋　昭夫

要旨：マーケティング論において、QOL はソーシャル・マーケティングの台頭とともに1970年代から注目されるようになった概念である。現在、消費者 QOL に限定した伝統的 QOL マーケティングから、現代的 QOL マーケティングへと概念が拡張されてきている。QOL の定義は多様であり、普遍的な定義は存在せず、研究者ごとに異なった定義がなされている。質という概念そのものがあいまいだが肯定的な意味を有しているので、QOL も多義的なものとなっている。生活という概念もあいまいな概念であり、生活領域ごとに QOL が検討されている。QOL を客観的側面と主観的側面に分け、領域別、個人別、地域別、国別という集計水準ごとに接近することが推奨されている。また、文化の影響も考慮すべきである。QOL 研究では、Fisk（1997）の提唱した次の基準群が有用であることが確認された。① QOL 研究の使用目的を決定すること、②単独の研究の中で考察することが可能な集計レベルや空間／時間を明確化すること、③特定化された集計水準および空間／時間にとって妥当な QOL 測度を構成すること、④標本データあるいはセンサス・データを収集すること、⑤必要とされる分析のタイプを決定すること、⑥研究結果の管理上あるいは政策上の使用という点から評価を定義すること、⑦研究結果の応用をモニターすること、で

---

1) 本章は、高橋（2006）に加筆・修正を加えたものである。

ある。このようなサイクルを繰り返すことによって、妥当性および信頼性の高い QOL 理論を構築すべきである。

> キーワード：ソーシャル・マーケティング、QOL マーケティング、質、生活、生活領域、文化

1．はじめに

　今日、生活の質（Quality of Life；QOL）の重要性がますます増加している。わが国では、空前のスピードで少子高齢化が進行していると言われている。高齢者の QOL は社会的にも経済的にも関心を集めており、地域の安全性の低下は、子供たちの QOL を悪化させていると言える。また、食品や交通機関の安全性、治安、社会保障制度などさまざまな問題がわれわれの生活を脅かしている。わが国ばかりでなく世界的にも、環境問題が人々の生活を脅かしている。以前の環境問題は工場の排煙などのように地域に限定したものであったが、現代のそれは、地球温暖化のように世界的な問題となっている。しかしながら、マーケティング論では、QOL については、必ずしも十分に検討されてきたとは言えないであろう。消費者行動論においても、ブランド選択行動に研究の力点が置かれ、商品（有形財およびサービス）の使用については相対的に少ない関心しか集めてこなかったと思われる。本章の主たる目的は、医療の領域ではすでに実施されている QOL 診断[2]を経営・マーケティング診断のニューフロンティアとして位置づけ、それを開発し実施するための予備的作業を行うことである。まず、QOL 研究のこれまでの流れを概観する。次に、QOL 概念の多義性を明らかにし、質の概念と生活の概念

---

2) たとえば、Heinrichs, D. W., T. Hanlon and W. T. Carpenter, Jr. 著、宮田量治・藤井康男訳『増補改訂　クオリティ・オブ・ライフ評価尺度』（星和書店、2001年）を参照。

第 1 章　QOL 概念の多義性とマーケティング

のそれぞれに検討を加える。そして、QOL への諸接近を整理し、最後に、今後の進むべき研究の方向を示したい。

2．マーケティング研究における QOL 概念の位置づけ

　QOL は、新しい概念ではない。マネジリアル・マーケティング全盛の1960年代に Drucker（1969）は、マーケティングへ QOL 概念を組み込むべきであると主張し、①この領域を無視することに対するペナルティは非常に高いものであること、②ビジネスは社会の一部であり社会における QOL の維持と強化に関して何もなさないことは逆に最終的にビジネスに悪影響を与えること、それに、③社会の QOL を向上させることは大きなビジネス機会となること、という 3 つの理由を指摘している。

　また、1970年代初頭にソーシャル・マーケティング[3]が登場したことにより、売上高や顧客満足といった伝統的なマーケティング成果測度に加えて QOL の向上がマーケティングの目指すべき 1 つの方向として意識され始めた。たとえば、Kelley（1971, 1974）は、マーケティング成果の伝統的尺度はもはや適切ではないと主張し、マーケティング成果の伝統的な金額的尺度に加えて、遵法主義の政治的目標と社会的目標という 2 つの社会次元がマーケティング監査には含まれるべきであると示唆している。

　同様に、Lazer and Kelley（1973）は、QOL へのマーケティングの衝撃などが1970年代における脅威として出現しつつあると指摘したうえで、「ソーシャル・マーケティングは、マーケティング政策、決定、および行動の社会的結果にかかわると同様に、社会的目標を向上させるためにマーケティングの知識、概念、技術を利用することにかかわるマーケティングの分

---

[3]　Kotler and Zaltman（1971）は、ソーシャル・マーケティングを「社会的考え方の受容に影響を与えるように計算されたプログラムの設計、実施、および統制であり、製品計画、価格付け、コミュニケーション、流通、それにマーケティング調査を含んでいる（p.56）」と定義している。

3

派である。それゆえに、ソーシャル・マーケティングの範囲は、マネジリアル・マーケティングの範囲よりも広い。それは全体的社会システムにおける市場およびマーケティング活動の研究のことである（p.4）」と説明している。

さらに、Samli（1995）は、QOL概念はKotler（1972）のマーケティング理念におけるソサエタル・コンセプト[4]にさかのぼると指摘している。Kotler et al.（2002）では、『ソーシャル・マーケティング』の第2版に「QOLの向上」というサブタイトルがつけられていることからも、QOLの向上がソーシャル・マーケティングの重要な目標であることが理解される[5]。

以上の文献では、QOL研究はソーシャル・マーケティング研究に内包されるという立場に立っている。これに対して、Wilkie and Moore（1999）は、ソーシャル・マーケティング研究とQOL研究を2つの重要な研究領域と捉え、次のように説明している。

「1960年代と1970年代の期間に、マーケティングと社会に関する文献は、(1) どの程度良好に社会はそれ自体存続し続けられるのか、(2) どの程度社会は改善されたのか、に関する疑問を提示した。それらの疑問は2つの異なる下位領域を生み出した。すなわち、"生活の質（QOL）"に関する研究と"ソーシャル・マーケティング"に関する研究である。マーケティング担当者は3つの特別な課題に直面するQOLに興味があった。(1) マーケティングは、包括的なライフスタイルを生み出すために結合されるべき多くの力の中の1つの力にすぎないという課題、(2) 厳密にQOLとは何かに関する概念上および測定上の非常に困難な課題、(3) 複数の研究領域にまたがるコミュニケーション上の困難さという課題、である。（中略）ソーシャル・マー

---

[4] 組織の鍵となる課題は、消費者および社会のウェルビーイングを保護もしくは増進するやり方で、標的市場のニーズ、欲求、それに利益を明確にし、競争者よりも効果的かつ効率的に、望んでいる満足を提供することであると捉える管理者の志向である（Kotler 1980 p.25）と定義されている。

[5] しかし残念ながら、ソーシャル・マーケティングの成果としてのQOL概念についての十分な記述は見当たらなく、コマーシャル・マーケティングとの対比をしながら、ソーシャル・マーケティングにおけるQOLの意義に触れているだけである。

ケティングは、企業が特定のプログラムのスポンサーになるのではなく、直接的に標的オーディエンス（たとえばエイズへの理解や子供の予防接種）に対して、または社会全体（たとえばリサイクル・プログラム、献血）に対して、ベネフィットを提供することを目標とすることによって、伝統的なマーケティングと区別される（p.213）」と。つまり、QOLに関する研究は、ソーシャル・マーケティングとは関連があるが、独立した研究領域として位置づけられているのである。

本章では、QOL研究は、ソーシャル・マーケティングとは関連は深いがソーシャル・マーケティング研究に含まれるものであるという立場には立たない。なぜならば、QOL研究は、現代のマーケティングのすべてにかかわるものであると考えるからである。それでは、現代のマーケティングはどのように規定されてきたのであろうか。この点について次に考察を加えたい。

Handy（1978）は、QOLに対するマーケティングの役割を狭義と広義に大別している。狭義の見方はマーケティングを消費生活に限定するものであり、他方、広義の見方は生活のほとんどすべての領域へ拡張するものである。マーケティングの役割を狭義とするか、あるいは広義とするかで、QOLの捉え方は異なってくる。この考え方をSirgy（2001）も踏襲している。彼は、狭義の見方を伝統的と、また、広義の見方を現代的と名づけている。そして、それぞれを次のように説明している。「伝統的なQOLマーケティングとは、消費者のウェルビーング[6]を極大化するために消費者向けの経済財を計画し、価格設定し、プロモーションし、流通させるというビジネス・メカニズムであり、消費者のウェルビーングとは消費財の取得、所有、消費、維持、廃棄という5つの次元から定義される（Sirgy 2001 訳書, p.8）」と。図1からも明らかなように、マーケティングの客体をいわゆる消費者財に限定しており、そのために伝統的と呼んでいる。

これに対して、「QOLマーケティングの現代的見解は、どのような財（経済財でも非経済財でも、消費財でも産業財でも）、サービス、あるいはプロ

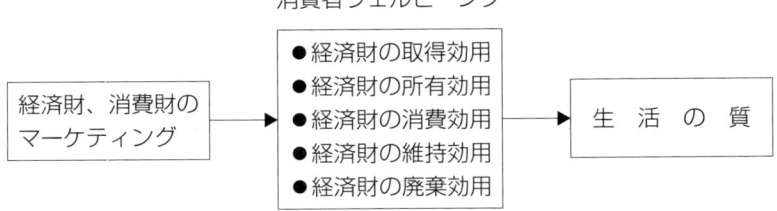

図1　生活の質へのマーケティングの貢献に関する伝統的見解

グラムも QOL マーケティング概念に先導されることによって、標的消費者へ市場化されるということを示している。標的消費者は特定化が可能な人口動態的、心理学、あるいは地理学的なプロフィールを持った個々の消費者となりうる。同様に、マーケティング"提供物"は特定の家族あるいは家計、組織、コミュニティ、それに州あるいは国へと標的が定められる。ある特定的な次元（あるいは次元の組み合わせ）の消費者ウェルビーイングを増進するような方法で、マーケティング提供物は設計され、価格設定され、流通され、プロモーションされる。これらのウェルビーイングの次元（QOLマーケティングの伝統的見解に限定される）は、消費者ウェルビーイングに限定されるのではなく、経済的ウェルビーイング、仕事上のウェルビーイング、家族のウェルビーイング、身体的ウェルビーイング、余暇のウェルビーイング、社会的ウェルビー

---

6) 秋元美世他編（2003）によれば、「well-being とは、一人一人の生活が快適である状態を意味することばであり、生活の質（QOL）の豊かさを示す概念である。日本語に訳さずにそのまま用いられることが多い。『児童の権利に関する条約』の前後から、現代的な福祉理念として議論され、国際家族年のキーワードの一つにもなった。これらを契機として、わが国では、子どもはたんに保護の対象ではなく権利主体である一個人として認められるものと理解されるようになった。国際連合などの国際機関や欧米諸国では、救貧的・慈恵的な思想を背景とする『ウェルフェア』に代えて、『より積極的に人権を尊重し、自己実現を保障する』概念として定着してきている。この概念が注目されてきた背景として、福祉問題が普遍化するなかで、これまでの保護的福祉観からの転換が必要となり、福祉サービスの利用によるスティグマの解消が指向されていることがある。近年、社会福祉全般の基本理念となりつつある」と説明されている。

第1章　QOL概念の多義性とマーケティング

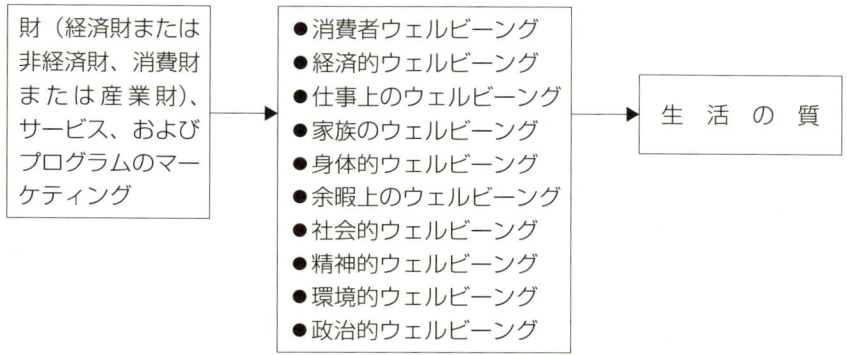

図2　生活の質へのマーケティングの貢献に関する現代的見解

ング、精神的ウェルビーング、環境上のウェルビーング、および政治的ウェルビーングにも及ぶ。標的消費者のウェルビーングの次元（ただし、当該消費者の他のウェルビーング次元および他の社会的実体を減少させないで）は、逆に、当該消費者のQOLを増進させる。(Sirgy 2001 訳書, pp.10-11)」と説明したうえで、「現代的QOLマーケティングとは、標的消費者に奉仕するという過程や成果を通して影響を受ける企業の他のすべての利害関係者のウェルビーングを維持しながら、標的消費者のウェルビーングを増進させることに焦点を置く戦略である」と定義している。つまり、マーケティングの客体は、拡張されており、標的消費者以外の利害関係者への影響も考慮されているのである。

　このように、狭義つまり伝統的な考え方は、AMAの1960年のマーケティングの定義に該当し、広義つまり現代的な考え方は1985年の拡張されたマーケティングの定義に該当することが分かる。また、2004年のマーケティングの定義に含まれる利害関係者という鍵概念を採用している点も見逃せない。要するに、マーケティングの捉え方の変化がQOL研究へも影響を与えてい

ることは明らかである。

　以上のように、マーケティング論においてQOL研究は30年以上の歴史があり、今日、その重要性がますます増加している研究領域であると言えるであろう。

3．QOL概念の多義性とその原因

3－1．QOL概念の多義性

　QOL概念は、多義的であり、普遍的な定義が存在しないことは、多くのマーケティング研究者によって指摘されてきた（Arndt 1978; Day 1978; Mulvihill 1978; Cravens and Hill 1978; Handy 1978; Geller and Nimmer 1987; Crask 1995; Sirgy, Meadow and Samli 1995; Sirgy 2001）。

　この多義性について、Sirgy, Meadow and Samli（1995）は、Nussbaum and Sen（1993）などを引用しつつ、理想理論、個人効用理論、裕福さ理論、資源保有物の比較（公正社会）の理論、それに基本ニーズ理論を紹介し、それぞれの理論におけるQOL概念に考察を加えている。さらに、Sirgy（2001）は、QOL概念へのアプローチ、モデル、および理論を、16のカテゴリー[7]に分類し詳細に検討している。わが国では、三重野（2000）が、QOLに関する学問的系譜を6つ（経済学的系譜、社会学的系譜、心理学的系譜、医療・医学・看護学などの系譜、福祉政策的系譜、老年学的系譜）に分類し、多様な捉え方が存在することを指摘している。

---

[7] それらは、理想理論、個人効用理論、幸福としてのQOLと生活満足としてのQOL、裕福さ理論、公正社会理論、ニーズ・アプローチ、超越的アプローチ、社会的判断アプローチ、ボトムアップ・アプローチとトップダウン・アプローチ、資源管理アプローチ、生態学的アプローチ、適合レベル・アプローチ、健康アプローチ、文化モデル、目標モデル、その他の視点、である。詳細は、Sirgy, M. Joseph (2001), *Handbook of Quality-of-life Research*, Kluwer Academic Publishers.（高橋昭夫、藤井秀登、福田康典訳『QOLリサーチ・ハンドブック―マーケティングとクオリティ・オブ・ライフ―』同友館、2005年）を参照されたい。

非常に多数存在する QOL の定義の中から、マーケティング研究に関連すると思われる QOL 定義のいくつかを例示すると以下のとおりである。
- 「QOL とは、文化的に、審美的に、そして環境的に価値ある生活という観点から、われわれの共通の目的を明確にしたいという要求をいう（Buzzell *et al.* 1972）」。
- 「QOL とは、個人の価値観および社会的環境を含む一連の特定的な関心事を扱うために援用された一般的用語である（Peat and Wilkie 1978）」。
- 「QOL とは、①財の量、質、幅、入手可能性、コスト、②自然環境の質、③文化的環境の質、という3つのものの関数である。マーケティング・システムは将来、単に創出された消費者の直接的欲求満足の量だけでなく、自然・文化的環境の質に与える衝撃によって判断されるようになるであろう（Kotler 1980）」。
- 「社会的 (societal) QOL とは、心理的ウェルビーイング（すなわち生活満足）と物質的ウェルビーイング（すなわち生活期待）から構成されるものである（Sirgy *et al.* 1985）」。
- 「社会的 QOL とは、社会の構成員によって経験されるウェルビーイングの総合的な状態と定義される。それは客観的要素（生活の物資的状態）および主観的要素（ウェルビーイングの知覚／評価）から構成される。それらの要素は識別可能だか、実際には、密接に相互関係がある（Morris *et al.* 1995）」。
- 「QOL は、物質的ウェルビーイング、健康、生産性、親交、安全、コミュニティ、それに感情的ウェルビーイングという7つの領域の集合体からなる客観的軸および主観的軸から構成される。客観的領域は客観的ウェルビーイングと文化的に直接的に関連する尺度から構成される。主観的領域は当該個人にとって重要だと評価される満足領域から構成される（ISQOLS 1998）」。

ではなぜ、このような多様な概念化が行われてきたのであろうか。次に、

その原因を探ってみることにしたい。

3－2．QOL 概念の多義性の原因

　多義性の原因は、まず第1に、QOL が研究者にとって魅力的な概念であり、異なる領域の研究者の関心を惹きつけてきたためであると言われる。Arndt（1978）は、「QOL という用語は、明らかに言外に肯定的な意味を有している。と同時に、QOL の意味は、漠然としており広がりすぎている。QOL の独自性は、正確で広く受け入れられる定義によって捉えられることが全くできずにいる。実際には、QOL 概念が曖昧なまま非常に広まったのは、普遍的な魅力を持っていたためだと説明できるであろう（p.1）」と指摘している。

　他方、Crask（1995）は、Sirgy, Samli and Meadow（1982）を引用して、QOL の普遍的な定義が存在しない4つの理由として、①目標としての QOL と手段しての QOL の混同、②長期的満足と短期的満足の混同、③潜在的 QOL と実際的 QOL の混同、それに④ QOL の分析レベル（個人、集団、社会、世界）の混同、を主張している。

　また、Kirpalani（1987）は、世界的に統一された QOL の定義にすべての国が同意できない原因として、文化をあげている。文化はニーズおよびウォンツに影響を与えるので、文化が異なればニーズとウォンツが異なるからであると指摘している。さらに言えば、満足するかどうかという顧客の評価過程には文化が影響を与えるであろうし、価値観の形成にも文化が影響するであろう。

　さて、普遍的な定義が存在しない理由を見てきたが、Crask（1995）の指摘した4つの理由は何らかの形で対応できるかもしれない。しかしながら、文化の問題は、これを無視して普遍的な定義を作成しようとしても、非生産的な作業となってしまうことは明白であろう。

　次に、多様な QOL の概念を整理するために、質と生活に分けて、それぞ

れ考察を加えることにしたい。

4．質の概念と生活の概念

4－1．質の概念

　QOLが肯定的な意味を持っているのは、英語のQualityという言葉自体が、良さ、卓越性などの肯定的な意味を持つためであろう。日本語でも「量より質」という言い回しから、質ということが肯定的な意味を有していることが分かる。

　また、QOLの多義性は、質という概念自体が多義的であることに由来すると思われる。量に対する質と捉えると明確のように思われるが、自然科学と異なり社会科学では多義的あるいは多次元的である。確かに、「品質とは品物またはサービスが、使用目的を満たしているかどうかを決定するための評価の対象となる固有の性質・性能の全体（JIS 1991）」という品質管理における定義は、客観的なものであり、明確な定義である。

　しかし、マーケティング戦略論[8]や消費者行動論[9]では、品質の主観的側面である知覚品質が重要視されている。また、Hjorth（1984）によれば、品質は多様な意味を持つがゆえに、捉えどころがない概念であると理解されている。しかしながら、多様な意味が存在するのは、主体となる研究者、実務家もしくは消費者が客体である品質の異なる側面に注目するためではないだろうか。もし、そうならば、品質は一元的な定義に集約されるべきものではなく、むしろ多元的な概念として把握すべきものと主張している。そして、Steenkamp（1989）は多次元な品質へのアプローチとして、①形而上学的ア

---

[8] たとえば、PIMS研究（Buzzell and Gale 1987）では、顧客の立場から見た品質である相対的知覚品質が市場シェアを決めることを明らかにしている。また、Aaker（1991）はブランド・エクイティを構成する5つの要素の1つとして知覚品質をあげている。

[9] たとえば、Zeithaml（1988）やSteenkamp（1990）。

プローチ、②生産管理的アプローチ、③経済的アプローチ、④知覚品質的アプローチの４つを提示している。同様に、Holbrook and Corfman（1985）は、暗示的／明示的という次元および機械的／人間的という次元から品質概念を４つのタイプに分類し、それぞれを生産ベース、信頼性ベース、定性的、特徴ベースと名づけている。そのうえで、概念的／操作的という次元から８つの領域に分け、それぞれに該当する学問領域を提示し、QOLは、品質を定性的で操作的な定義に属するものとして位置づけがなされている[10]。

このような、品質という概念が多次元的であるがゆえに、多様な観点から研究が進められていることが理解できる。

４－２．生活の概念

生活という概念も質と同様に、あいまいな概念である。三重野（2001）は、生活とは、人々の営み、生きるためのあらゆる行為と言えるが、極めてあいまいな概念である[11]と指摘している。そこで、あいまいさを排除し、生活を的確に捉えるために、QOL研究の初期の段階から、生活領域（domain）という概念を導入してきたという経緯があり、１つの標準となっているようである。代表的な例としては、以下のものがある。

- Andrews and Withey（1976）の生活領域：１.今日の米国での生活、２.政府、３.地方行政機関、４.経済的状況、５.コミュニティ、６.サービスと施設、７.教育、８.仕事、９.近隣地域、10.友人や同僚、11.家、12.余暇および余暇時間の活動、13.家族、14.自己、15.人間関係
- Campbell et al.（1976）の生活領域：１.結婚、２.家庭生活、３.健康、４.

---

10) 品質に関しての詳細な考察については、高橋（2000）を参照されたい。
11) しかし、論理的には、「意識、行為の集合体であり、それに情報、エネルギー、財が関わり、何らかの『場』で、その営みを実現しながら、生命有機体としての個人が再生産される過程」と暫定的に規定することができる。このように生活自体、１つのシステム、すなわち、さまざまな要素の相互連関的な複合体であり、環境に対して働きかけるとともに、それにより規制されている（三重野　2001）。

近隣地域、5.友情、6.仕事、7.米国での生活、8.市または郡、9.仕事以外の活動、10.住居、11.教育の有益さ、12.生活水準、13.教育の量、14.貯蓄、15.宗教、16.政府、17.組織
- Day（1987）の生活領域：1.家族生活、2.仕事生活、3.社会生活、4.余暇／レクリエーション、5.個人的健康、6.ヘルスケア、7.財とサービスの購入と消費、8.物的所有、9.自己、10.霊性的生活、11.米国での生活、12.米国政府、13.州政府と地方行政機関
- Morris *et al.*（1995）の生活領域：1.経済的、2.健康、3.社会的、4.技術的、5.仕事、6.制度的、7.生態的
- Sirgy（2001）の生活領域：1.消費者、2.余暇、3.コミュニティ、4.仕事生活、5.家庭生活、6.経済、7.健康、8.その他

ここで問題となるのは、分類の排他性であろう。たとえば、消費者というカテゴリーと余暇というカテゴリーは重複している部分が存在すると考えられる。余暇時間における消費は消費者というカテゴリーに入るのか、それとも余暇のカテゴリーに入るのかは、不明である。この分類の問題について、Hunt（1976）は、分類図式の評価基準として、次の5つをあげている。すなわち、

① 図式は分類されることになる現象を適切に特定化しているか。
② 図式は分類されるであろう特質もしくは特性を適切に特定化しているか。
③ 図式は相互に排他的なカテゴリーを有するか。
④ 図式は全体として余すところないカテゴリーを有するか。
⑤ 図式は有用か。

である。

残念ながら、例示した5つの代表例はいずれも③と④を満たしているとは言い難い。たとえば、労働者のQOLを考える際に、Romzek（1985）が用いた仕事生活と非仕事生活に大別する分類は、5つの評価基準を満たしてい

ると思われるが、その図式を退職者に適用することはできない。つまり、すべてに共通する分類は、不可能なのかもしれない。すべてを明確に分けることはできず、常にあいまいな部分が残るのが、生活と言えるかもしれない。換言すれば、調査対象ごとの分類の開発が不可欠なのであろう。

　生活に関するもう1つの問題は、文化である。文化について石井（2005）は、異文化コミュニケーションを説明する文脈において、「人間は、意識的または無意識的に自分の文化的背景の影響を受けながら、コミュニケーション活動をする。…極論するならば、人間は自分の文化によって拘束された『文化の奴隷』であるといえる。なお、最近の『異文化関係』の概念は、たとえば、従来の日本文化と韓国文化のような民族中心の異文化観に加えて、高齢者文化と若者文化や健常者文化と障害者文化のような共文化（coculture）間の関係をも含むようになってきた（pp.167-168)」と解説している。異文化間のQOLを測定する場合はもちろんのこと、同一文化内でのQOLを測定する場合でも、文化を無視することはできないと言える。

　なお、わが国独自の概念であるが、生活に関連した概念として生活者がある。山口（1995）は、「英語で生活者に当たる言葉を探すことは難しいようである。生活者という言葉を最初に使ったのは、たぶん、元神奈川大学教授の故・大熊信行氏であろう。雑誌『広告』の1963年5月号に"消費者から生活者へ"という論文を寄せ、その中で『しかし、われわれ自身が、商品中心にものを考え、みずから"消費者"をもって任ずるというのは、人間精神の錯倒である。"生活者"が"消費者"にとってかわった日。それこそ人間が、経済というものの主人公の座につく日であろうと思う』と述べている。その後、名東孝二氏の著作にあらわれ、70年代半ばにはマーケティングの領域で盛んに用いられた。商品やサービスを消費する経済的存在である消費者から、自ら考え、自ら行動する人格的存在である生活者としてとらえることが個人の側からも企業の側からも重要であるという認識がいまや広く浸透しているといえよう（pp.176-177)」と説明している。

消費者は生産者と対になる概念であるが生活者には対となる概念がない点が特徴であり、消費者に対して、生活者は肯定的かつ積極的意味合いを持って生まれてきたと言えよう。名東（1972）は「…その消費者が活力として燃えあがり、なんらかの社会的貢献とするところに、かつ、そのことを自覚的におこなうところに、生活者と消費者とのちがいがある。前者が主体的で積極的であるのにたいして、後者は受け身で消極的である（p.269）」と述べ、阿部（1986）は「使用行動を中心に消費者を考える場合には、区別を明確にする意味で生活者という語が用いられることもある（p.141）」と規定している。さらに、宇野（1980）の「我々は、生活者たらんがため、ある場合には勤労者として、ある場合には消費者として行動しているということである」という主張を受ける形で、片山（2000）は、消費者型生活者、労働者型生活者、市民型生活者、人類型生活者という四類型を試論として提示している。

　生活者という用語は、広告におけるコピーとしては有効であったが、生活という概念と同様に、片山が提示しているように何らかの類型化あるいは分類が必要となる。消費者の集団の購買意思決定プロセスにおいて、発案者、影響者、購買者、使用者に分類したように、生活者についてもその役割から分類を試みるべあろう。

5．QOLへの諸接近

　さて、これまでの議論を踏まえて、われわれはQOLの多様な定義を否定すべきか、それとも肯定すべきなのであろうか。本章では肯定する立場に立ちたいと考える。その理由は、多様な定義が存在するということは、QOLの魅力と重要性をさまざまな研究領域の人々が認めた証拠であり、結果として学際的研究になっていると考えられるからである。Sirgy（2001）は、「QOLは、多数の側面を持ち、さまざまな理論的視点からアプローチされうる実り豊かな概念なのである（p.27）」と多様性を肯定的に捉えている。また、

Sirgy *et al.*（1995）は、「しかしながら、多様な定義はマーケティング担当者を落胆させるものではない。QOL の多様な概念は、統合の努力を求めている。マーケティングにおける QOL 研究者は、QOL における現在の思想のさまざまな側面を統合するような QOL の理論モデルを開発することが奨励されている（p.340）」と主張している。

意図せず、学際的な研究となっているが、生活に大きな影響を与えると想定されるマーケティングの領域からの QOL 研究は、医療などの研究領域における QOL 研究と比較して遅れていると言わざるをえない。マーケティングの観点から統合を行うことは容易な作業ではないが、創造的な課題と言えよう。と同時に、少子高齢化、生活における安全性の確保、それに地球環境を考える際に、QOL 研究は避けて通れない課題と言えるのではないだろうか。

本章では、QOL の多様な概念の統合に向けて、諸接近の特徴を明らかにするという予備的な作業を行うことにする。ここでは理解を容易にするために、健康という概念と比較しながら、検討を加えたい。これまでの QOL への接近をまとめたものが、図3である。

比喩的な表現として、"病んだ社会"という言い方があるが、ある社会の

図3　QOLへの諸接近

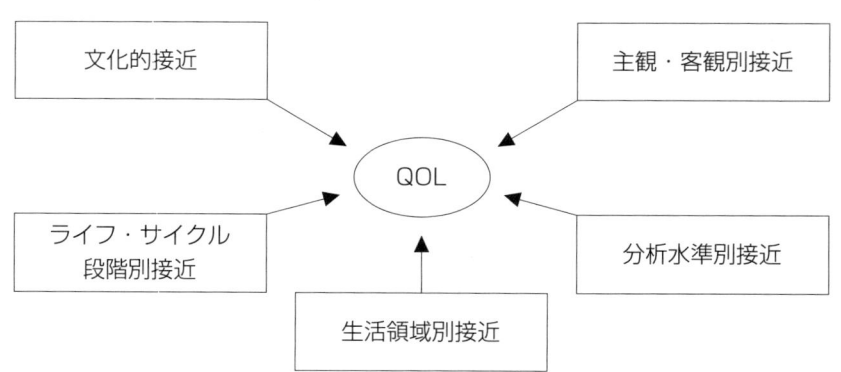

QOL が好ましくない状態にあることを測定することはそれほど容易な作業ではない。このことを第1に指摘したい。個人の健康については、健康診断で客観的に測定することは可能である。なぜならば、健康診断においては、いわゆる正常値（あるいは基準値）が存在するからである。もちろん、QOL の客観的側面を測定する有力な指標として、国連の人間開発指標をあげることができる。それは、出生時平均余命、成人識字率、それに1人当たりの所得といった3つの客観的指標の合成測度である。そして、これに基づいて、国あるいは地域単位での QOL 順位が報告されている（UNDP 1998）。確かに、開発途上国においては政策上の目的となるが、いわゆる先進国においては QOL の主観的な側面の方が重要視されている。しかしながら、主観的な QOL の測定は、客観的なものに比べて困難である。

　第2に、健康診断よりも QOL 診断の方が文化的な影響を受けやすいという点を指摘できる。たとえば、東京と大阪で健康診断の違いはないが、商品に対する評価は異なるであろう。また、QOL の研究者自身も文化の影響を受けやすい点も見逃せない。この点について、久米（2005）は、「文化を論じるとき、たとえば先進国の研究者が発展途上国の文化を研究しようとすると、そこには無意識にしろ研究者自身の文化を相手文化より上であるとする見方が見え隠れすることがある。これを自文化中心主義といい、研究上の姿勢としてもこのような見方をしないように十分留意する必要がある。どの文化にもそれぞれの存在理由があって、当該地域ではそれなりの最適な文化が作りだされているのであり、だからこそ、それぞれの文化はお互いに対等であるという文化相対主義的な考え方をすることが求められている（p.5）」と文化相対主義的な考え方の重要性を強調している。やはり、QOL 調査を実施する際には、自文化中心主義を排して、文化相対主義的な立場を堅持することが不可欠であろう。

　第3は、細分化の問題であり、分析水準別接近、生活領域別接近、それにライフ・サイクル段階別接近という3つの接近にかかわるものである。健康

診断でも細分化が行われているが、QOL 診断においても同様な細分化が必要であろう。健康診断においては、男性と女性の基準値が異なっていたり、40代と60代の基準値が異なっている。これは、対象を細分化することによって、基準値の精度を上げようという考え方を採用しているからであろう。マス・マーケティングがターゲット・マーケティングによって取って代わられたように、QOL 研究においても細分化は必須と言えよう。

6. むすびにかえて

　以上の予備的考察を踏まえて、次のことを提案したい。すなわち、QOL の概念があまりに多義的であり、統一的（普遍的）な定義が不在なのであれば、いくつかの接近方法（およびそれらの組み合わせ）を用いて漸次的に研究することである。つまり、QOL を Hage（1972）が分類するところの理論定義と捉え、研究目的に沿った操作定義を構築することが必要であろう。QOL 研究を積み重ねて、QOL 診断を構築していくプロセスとして、Fisk（1997）の提案は示唆に富むと思われる。彼は、QOL 研究者たちが研究をデザインする際に手助けとなるような一連の基準群を提示している。それには以下のようなものが含まれている。

① QOL 研究の使用目的を決定すること
② 単独の研究の中で考察することが可能な集計レベルや空間／時間を明確化すること
③ 特定化された集計水準および空間／時間にとって妥当な QOL 測度を構成すること
④ 標本データあるいはセンサス・データを収集すること
⑤ 必要とされる分析のタイプを決定すること
⑥ 研究結果の管理上あるいは政策上の使用という点から評価を定義すること

⑦ 研究結果の応用をモニターすること

われわれは、このようなサイクルを繰り返すことによって、妥当性および信頼性の高い理論を構築し、その理論に立脚したQOL研究を実施するという方向を目指すべきではないだろうか。

〈引用・参考文献〉

Aaker, D. A. (1991), *Managing Brand Equity: Capitalizing on the Value of a brand name*, Free Press.

Andrews, F. M. and S. B. Withey (1976), *Social Indicators of Well-Being: Americans' Perception of Quality of Life*, Plenum.

Arndt, J. (1978), "The Quality of Life Challenge to Marketing", in *Marketing and the Quality of Life*, F. D. Reynolds and H. C. Barksdale, eds., American Marketing Association, pp.1-10.

Buzzell, R. D., R. E. Nourse, J. B. Morse, Jr. and T. Levitt (1972), *Marketing: A Contemporary Analysis, 2nd ed*, McGraw-Hill.

Buzzell, R. D. and B. T. Gale (1987), *The PIMS Principles: Linking strategy to performance*, Free Press.

Campbell, A. C., P. E. Converse and W. L. Rodgers (1976), *The Quality of American Life*, Sage.

Crask, M. F. (1995), "Quality of Life,Technology, and Marketing: An Organizational Model", in *New Dimensions in Marketing/Quality-of-Life Research*, M. J. Sirgy and A. C. Samli, eds., Quorum, pp.49-69.

Cravens, D. W. and G. E. Hill (1978), "Measurement Issues in Studying Marketing and the Quality of Life", in *Marketing and the Quality of Life*, F. D. Reynolds and H. C. Barksdale, eds., American Marketing Association, pp.51-60.

Day, R. L. (1978), "Beyond Social Indicators: Quality of Life at the Individual", in *Marketing and the Quality of Life*, F. D. Reynolds and H. C. Barksdale, eds., American Marketing Association, pp.11-18.

Day, R. L. (1987), "Relationship between Life Satisfaction and Consumer Satisfaction", in *Marketing and the Quality-of-life Interface*, A. C. Samli, ed., Quorum, pp.289-311.

Drucker, P. F. (1969), "Business and the Quality of Life", *Sales Management*,

Vol.102, pp.31-35.

Fisk, G. (1997), "Criteria for Designing Quality-of-Life Studies", in *Developments in Quality-of-Life studies*, Vol.1, p.31.

Geller, E. S. and J. G. Nimmer (1987), "Integration of Applied Behavior Analysis and Social Marketing", in *Marketing and the Quality-of-life Interface*, A. C. Samli, ed., Quorum. pp.252-276.

Hage, J. (1972), *Techniques and Problems of Theory Construction in Sociology*, Wiley.（小松陽一、野中郁次郎訳『理論構築の方法』白桃書房、1978年）

Handy, C. R. (1978), "Marketing and the Quality of Life. Any Concensus?", in *Marketing and the Quality of Life*, F. D. Reynolds and H. C. Barksdale, eds., American Marketing Association, pp.77-80.

Heinrichs, D. W., T. Hanlon and W. T. Carpenter, Jr., 宮田量治・藤井康男訳『増補改訂 クオリティ・オブ・ライフ評価尺度』星和書店、2001年。

Hjorth-Anderson, C. (1984), "The Concept of Quality and the Efficiency of Marketing for Consumer Products", *Journal of Consumer Research*, 11 (2), pp.708-718.

Holbrook, M. B. and K. P. Corfman (1985), "Quality and Value in the Consumption Experience: Phaedrus Rides Again", in *Perceived Quality*, J. Jacoby and J. Olson, eds., Lexington Book, pp.31-57.

Hunt, S. D. (1976), *Marketing Theory: Conceptual Foundations of Research in Marketing*, Grid Inc.（阿部周造訳『マーケティング理論』千倉書房、1979年）

ISQOLS (1998), *Quality of Life Definition and Terminology*, The International Society for Quality-of-Life Studies.

Kelley, E. (1971), "Marketing's Changing Social/Environmental Role", *Journal of Marketing*, 35 (July), pp.1-7.

Kelley, E. (1974), "Integrating Social Feedback into Business Decision: Value System Conflicts and Corporate Planning", in *Social Indicators and Marketing*, R. L. Clewett and J. C. Olson, eds., American Marketing Association, pp.129-145.

Kirpalani, V. H. (1987), "International Marketing and the Quality-of-life", in *Marketing and the Quality-of-life Interface*, A. C. Samli, ed., Quorum, pp.205-219.

Kotler, P. (1972), "A Generic Concept of Marketing", *Journal of Marketing*, 36 (April), pp.46-54.

Kotler, P. (1980), *Principles of Marketing*, Prentice-Hall.

Kotler, P. and G. Zaltman (1971), "Social Marketing: An Approach to Planned Social Change", *Journal of Marketing*, 35 (July), pp.3-12.

Kotler, P., N. Roberto and N. Lee (2002), *Social Marketing: Improving the quality of life*, Sage.

Lazer, W. and E. J. Kelley (1973), *Social Marketing*, IRWIN.

Morris, M. H., D. L. Sexton and P. S. Lewis (1995), "Small Businesses, Entrepreneurship, and Quality of Life: A Growth Perspective", in *New Dimensions in Marketing/Quality-of-Life Research* in M. J. Sirgy and A. C. Samli, eds., Quorum, pp.71-94.

Mulvihill, D. F. (1978), "The Quality of Life Concept and Its Effect on Marketing", in *Marketing and the Quality of Life*, F. D. Reynolds and H. C. Barksdale, eds., American Marketing Association, pp.24-31.

Nussbaum, M. C. and A. Sen, eds. (1993), *The Quality of Life*, Oxford University Press.

Reynolds, F. D. and H. C. Barksdale, eds. (1978), *Marketing and the Quality of Life*, American Marketing Association.

Samli, A. C. (1995), "The Changing Role of Distribution within Marketing System: A Normative Model", in *New Dimensions in Marketing/Quality-of-Life Research*, M. J. Sirgy and A. C. Samli, eds., Quorum, pp.95-113.

Sirgy, M. J., A. C. Samli and H. L. Meadow (1982), "The Interface between Quality of Life and Marketing: A Theoretical Framework", *Journal of Marketing & Public Policy*, 1 (2), pp.69-84.

Sirgy, M. J., M. Morris and A. C. Samli (1985), "The Question of Value in Social Marketing: Use of a Quality-of-Life Theory to Achieve Long-Term Life Satisfaction", *American Journal of Economics and Sociology*, 44 (April), pp.215-227.

Sirgy, M., H. L. Meadow and A. C. Samli (1995), "Past, Present, and Future: An Overview of Quality of Life Research in Marketing", in *New Dimensions in Marketing/Quality-of-Life Research*, M. J. Sirgy and A. C. Samli, eds., Quorum, pp.335-364.

Sirgy, M. J. (2001), *Handbook of Quality-of-life Research*, Kluwer Academic Publishers. (高橋昭夫、藤井秀登、福田康典訳『QOLリサーチ・ハンドブック―マーケティングとクオリティ・オブ・ライフ―』同友館、2005年)

Steenkamp, J-B. E. M. (1989), *Product Quality*, Van Gorcum, Assen, The Nether-

lands.
United Nations Development Programme (1998), *Human Development Report 1998*, Oxford University Press.
Wilkie, W. L. and E. S. Moore (1999), "Marketing's Contributions to Society", *Journal of Marketing*, 63, Special Issue, pp.198-218.
Zeithaml, V. A. (1988), "Consumer Perception of Price,Quality and Value: A Mean-End Model and Synthesis of Evidence", *Journal of Marketing*, 52, 3, pp.64-75.
秋元美世他編（2003）『現代社会福祉辞典』有斐閣。
阿部周造（1986）『商業辞典改訂増補版』久保村・荒川編、同文舘出版。
石井敏（2005）「異文化コミュニケーション研究を始めるにあたって」『異文化コミュニケーション研究法』石井敏・久米昭元編、pp.1-14。
宇野政雄（1980）「消費者利益の本質と消費者政策」『流通政策』pp.3-11。
片山又一郎（2000）『現代生活者試論：類型化と展開』白桃書房。
久米昭元（2005）「研究法のまとめと今後の課題」『異文化コミュニケーション研究法』石井敏・久米昭元編、pp.159-172。
JISハンドブック（1991）『品質管理』日本規格協会。
高橋昭夫（2000）『現代商品知覚論』同友館。
高橋昭夫（2006）「『生活の質』の診断に向けて」『日本経営診断学会論集6』pp.3-16。
名東孝二（1972）『改訂・生活者の行動科学』東洋経済新報社。
三重野卓（2001）『「生活の質」と共生』白桃書房。
山口富久男（1995）『最新商業辞典』久保村・荒川監修、鈴木・白石編、同文舘出版。

第2章

マーケティング・リサーチにおけるQOL概念の測定：測定モデルと測定指標開発

福田　康典

要旨：広範な研究領域と多様な研究関心が指し示すように、QOLは非常に多元的な構成概念である。このQOLをマーケティングの成果指標の1つとして検討する場合、その測定問題は避けて通れない事柄である。本章は、マーケティング研究において一般的に受容されている測度開発の枠組みとしてChurchillの測定パラダイムを検討し、このパラダイムをQOL概念の測定にそのまま適用した場合に生じる結果とそこでの課題について考察を行った。

　Churchillのパラダイムは、構成概念を指標群の共通因子と見なすような研究前提を置いている。こういった前提を用いた測定モデルは、リフレクティブ指標ベースの測定モデルと呼ばれ、各指標は1つの構成概念を測定するための選択肢の1つとして位置づけられている。それゆえ、このモデルでは、指標群の全体的な変動と同調性を持たない指標は不適切な指標として指標群から取り除かれるという内的一貫性の原理を指標選択の中核的な基準に用いている。一方、この考えとは異なる測定モデルとして、フォーマティブ指標ベースの測定モデルと呼ばれるものがある。この測定モデルでの各指標は、構成概念の構成次元をそれぞれ測定するものとして位置づけられており、構成概念はこの諸指標の重み付けされた合成と見なされている。このモデルでは、先述した内的一貫性は指標選択の基準とは

なりえず、逆に、概念規定上必要と認められた固有の概念ドメインを削除する可能性や多重共線性が発生する可能性を増大させてしまうため、相関の高い指標は排除の候補になる。

このように、指標と構成概念との間にどんな関係を想定するかによって測定モデルが異なり、ひいては指標評価の基準やその基準の解釈の仕方も異なってくる。QOLはフォーマティブ指標を使った測定モデルで測定されることも多く、Churchillのパラダイムをそのまま応用すると測定モデルと評価基準の間に齟齬が発生してしまう。その齟齬を回避するためにも、QOLの測定には既存とは別の測定枠組みが必要であり、そのためには、QOLの構成次元や先行変数に関する理解を深める必要があると考えられる。

キーワード：QOL、マーケティング、構成概念、測定モデル、リフレクティブ指標、フォーマティブ指標

---

1. はじめに

マーケティング研究にクオリティ・オブ・ライフ（Quality-Of-Life：以下QOLと略す）概念が導入されてからほぼ半世紀が経とうとしている。導入当初は哲学あるいは理念といったレベルで議論されていたが、次第にマーケティング・プログラムの具体的な成果として論じられるようになってきた。こういった成果としての認識は、常に測定の問題をはらんでいる。成果は、プログラム目標の設定基盤となるし、そのプログラムの修正を方向づけるフィードバック情報にもなるので、その状態や変化を具体的に把握できなければならない。成果という位置づけがなされる概念は、このように測定されることを議論の前提としており、QOLをマーケティングの成果として認識

第2章　マーケティング・リサーチにおける QOL 概念の測定：測定モデルと測定指標開発

することは必然的に測定という行為を伴うのである。

　一方、QOL 概念それ自体、顧客満足や信頼といった他のマーケティング成果指標と同様に多次元的な構成概念として認識されるものであり、単一指標による直接的な測定が困難な測定対象である。また、この概念を構成する「生活」や「生活主体」とマーケティングの接点が極めて多岐にわたっていることも、その測定を困難にしている一因である。このように、マーケティングの文脈で論じられる QOL は、測定の必然性と困難性を併せ持った概念であり、それゆえ、その測定問題は十分に検討されるべきテーマであると言えよう。

　しかし、マーケティングの研究分野で QOL の測定問題そのものを取り扱っている研究はあまり多くはない。QOL 関連の研究に限らずマーケティング研究全体を見渡してみても、概念測定に関する関心はあまり高くはなく、1970年代末以降の研究の多くは、Churchill の提唱した測定パラダイムに基づく手続きをそのまま採用する傾向にある。本論では、この既存の測度開発に関する枠組みを QOL 概念の測定にそのまま応用することによっていかなる結果がもたらされるのかを議論し、QOL 測度の開発について今後の研究方向を探索的に検討していく。

2．マーケティングの社会的成果としての QOL 概念

　マーケティング成果の概念的な変遷に関してはいくつかの研究ですでに検討されているが（Bonoma and Clark 1988, Clark 1999）、その展開方向は売上高や利益といった財務的成果を起点に大きく2つに分けられる（福田 2006）。1つは市場成果の組み込みである。市場成果とは、マーケティング活動が消費者の認知や評価、購買行動など市場に及ぼす影響のことであり、マーケティング活動と財務的成果の中間でそれらを結びつける媒介的な役割を果たしている。こういった展開に伴い、マーケティング成果に対する多層

的な認識が普及し（Morgan, Clark and Gooner 2002）、現在ではサービス・プロフィット・チェーン・モデル（Heskett *et al.* 1994）やリターン・オン・クオリティ概念（Rust, Zahorik and Keiningham 1995）などのいわゆる効果連鎖モデルが多く開発されるようになってきている。

　マーケティング成果概念のもう1つの展開は、社会的成果への注目である。財務的成果と市場成果の組み合わせを通じてマーケティング成果を把握しようとする前述の展開では、基本的に成果の範囲が売り手と買い手という2者間関係に限定されていた。それに対し、この方向への展開は、成果に関するネットワーク的な認識の広がりを示しており、ソーシャル・マーケティングやソサエタル・マーケティングといったマーケティングの社会的側面への意識の高まりを通じて出現してきた展開である（福田 2007）。なお、これを整理すると表1のようにまとめることができる。

　QOL概念は、第2の研究展開が始まった時期である1970年代初頭からマーケティング研究に導入されたものである（Clewett and Olson 1974）。当時、マーケティング研究では、マーケティング活動が社会に対してもたらすネガティブな影響や非営利組織によるマーケティングの適用といったテーマが注目されており、導入当初はこういった背景を受けてマーケティングの社会的成果一般を表す概念としてスローガン的に利用されることが多かった。概念

表1　マーケティング成果に関する概念枠組みの整理

	第1の展開の結果 ：財務－市場成果の連関モデル	第2の展開の結果 ：社会的成果モデル
最終的な目標	マーケティング組織の利益	社会の利益
ベースとなる認識	マーケティング組織と消費者のダイアディックな関係	マーケティング組織とさまざまなステイクホルダーのネットワーク関係

出典）福田（2007）、p.69。

第2章　マーケティング・リサーチにおけるQOL概念の測定：測定モデルと測定指標開発

的な精緻化が進んでくると次第に具体的な社会的成果を示す概念として検討されるようになっていき、売り手組織の利益や顧客満足といった伝統的に利用されてきた既存の成果概念のアンチテーゼとして定義されるようになる。たとえば、あるケースでは、消費にかかわる満足を超えた生活全体に対する満足をQOLとしたり、企業のマーケティング活動が消費者を含むすべてのステイクホルダーに対して生み出す価値をQOLとしたり、あるいは非営利機関が公共性の高いサービスやプログラムを提供する際の価値をQOLとする例などがあげられる（Sirgy and Lee 1994, Sirgy 1996, Lee and Sirgy 2004）。

　このQOL概念は、マーケティング研究以外にも、これまで経済学、社会学、心理学、医学、あるいは老年学といったさまざまな学問領域で考察されてきており（三重野 2000）、QOLに関連づけられる関心の広さをうかがい知ることができる。また、この概念に対するアプローチの仕方やベースとなる理論も多種多様であり、Sirgy（2001）の包括的な検討によると、個人効用アプローチやニーズ・アプローチ、生態学的アプローチなどといった15の主要なタイプを見出すことができるとされている。このように、研究領域や研究関心の広さ、そして研究アプローチの多彩さなどから、QOLに対しては統一された定義がなく、非常に多次元的な構成概念であることが知られている。では次に、こういった多くの次元を持つ構成概念を測定する際に用いる測度開発の枠組みについて議論していくことにしよう。

3．構成概念の測定に関する標準的な考え方
：Churchillの測定パラダイム

　マーケティング研究における概念測定へ関心は、1978年のJacobyによる問題提起により高まりを見せたと言われている。Jacoby（1978）は、消費者行動研究をはじめとする多くのマーケティング研究が、構成概念に対して単

一項目測度（single-item measure）を用いるなど測定の問題をかなり軽視しており、不適切な測定に基づいて生み出された知見もまた不適切である可能性が高いと指摘した。つまり、マーケティング研究全般において科学的な方法での知識蓄積を目指す努力が多く試みられているにもかかわらず、その根幹の部分にあたる測定領域の科学性に対してはあまり関心が寄せられていないことを問題として提起している。

　こういった指摘に対応するように1979年に *Journal of Marketing Research* 誌に出されたChurchillの論文は、計量心理学などの知見をベースとしながらマーケティング現象にかかわる構成概念測定の理論的なベースとより良い測度開発に向けた具体的手続きを提唱している。これはChurchillの測定パラダイムと呼ばれており、後のさまざまなマーケティング研究での測定作業において拠り所とされてきた。ここでは、このChurchillの測定パラダイムに関する概観を通じて、現在のマーケティング構成概念の測度開発手続きや測度評価の根底にある考え方を明確にしていくことにしよう。

3－1．測定の目的と具体的手続き

　構成概念とは、可視的な状態で実在する何かを指示する言葉ではなく、その存在を仮定することが現象の説明をより効果的にすると認識された場合に構成される概念である（豊田 1992）。たとえば、ブランド・ロイヤリティという概念は、目に見える状態で存在している何かを指しているのではなく、消費者の行動を説明するためにその存在が仮定された構成物である。QOLもこれと同様であり、こういったものの多くは、物体の長さを物差しで測る場合のように単一の尺度を使って直接測定するということが難しい。

　したがって、こうした構成概念の状態は、測定が可能な何か別のものによって間接的に把握・推定されなければならない。ここで概念測定のために実際に測定される項目のことを本論文では指標[1]と呼ぶこととする。指標が測定という目的を達成するためには、当然、その指標（つまり実際に測って

第2章　マーケティング・リサーチにおける QOL 概念の測定：測定モデルと測定指標開発

いる事柄）と構成概念（つまり測りたいと思っている事柄）との間に何らかの関係があると想定されなければならない。Churchill（1979）は、指標の状態（測定値 X_o）と構成概念の状態（真の得点 X_t）との間に、

$$X_o = X_t + X_e$$

（ただし、X_e は誤差項でシステマティックなエラーと
ランダムに発生するエラーが含まれる）

という関係式が一般に成り立っていると想定している。このような捉え方は、古典的テスト理論（classical test theory）において一般的に見られるもので、実際に測定される指標の状態が構成概念の状態を表す情報とさまざまな理由で生じる誤差情報（つまりノイズ）の合成物であることを示している（MacKenzie, Podsakoff and Jarvis 2005）。無論、指標は測定の目的である構成概念の状態を知るために用いられるので、その役割を果たしているかどうかの評価は、X_o の持っている情報量のうち X_t の占める割合が大きいほど（または X_e の占める割合が小さいほど）高くなる。Churchill（1979）はこれを「測定の基本的な目的は、可能な限り X_t 得点と近似するような X_o を作り出すことである（p.66）」と表現している。そして、マーケティング構成概念のより良い測度を開発する際に必要な測定手続きとして図1のような枠組みを提唱している。

この手続きを概説すると、まず構成概念の輪郭つまり測定の対象となる構成概念のドメインが設定され、次にこうして明確になった概念ドメインを捉

---

1) ここでは、指標を「潜在的な構成概念を測定する際、その概念の状態を反映させることを目的としてデザインされた観測項目あるいは項目群」と定義する。無論、構造方程式モデリングでは、指標のことを観測変数と呼ぶのが一般的であるし（豊田 1992）、調査論においては測定項目や質問項目、あるいは測度といった言葉があてられることもあるなど、使用する用語については必ずしも統一性があるわけではない。また、指標という言葉の用法もさまざまであり、影響指標や原因指標など下位カテゴリーに分類されたり、あるいは指標をリフレクティブ指標と同義に狭く捉えたりする場合もある（Feyers and Marchin 2000）。

図1　Churchillの提唱する測度開発の手続き
―推奨される係数や技法―

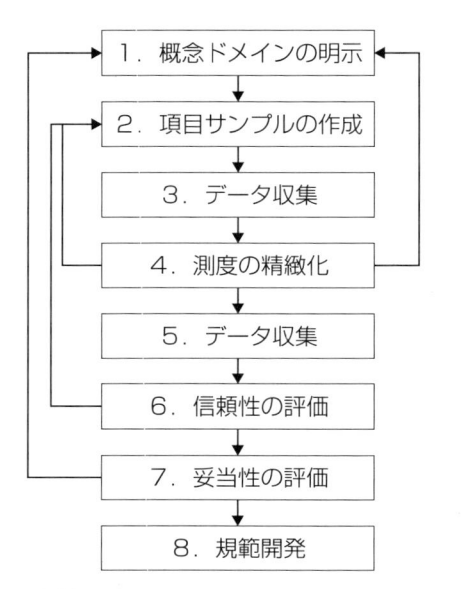

手続き	推奨される係数や技法
1．概念ドメインの明示	文献探索
2．項目サンプルの作成	文献探索 経験的調査 内観刺激法 クリティカル・インシデンツ フォーカス・グループ
3．データ収集	
4．測度の精緻化	α係数 因子分析
5．データ収集	
6．信頼性の評価	α係数 折半法
7．妥当性の評価	多特性―多方法行列 基準妥当性
8．規範開発	平均値や得点の分布を要約するその他の統計量

出典）Churchill (1979), p.66

えるための測定指標（ただし図では原文表現を優先して「項目」としている）づくりが行われ、それらは信頼性や妥当性といった点からの評価とその評価に基づく修正が繰り返され、最後の段階ではデータの意味解釈を行う際に必要となる基準が作成される。

　この測定に関する枠組みが提示されて以降のマーケティング研究の多くは、これをそのまま踏襲するかあるいは一部修正しながら実際の測定を行っている。たとえば、Cynthia（1990）によるマーケティング文化の測定やCarol *et al.*（1997）による物流サービス品質の測定、あるいはOdin, Odin and Florence（2001）によるブランド・ロイヤルティの測定など多くの例を挙げることができよう。

3−2. ドメイン・サンプリング・モデル

　Churchill が提唱したこの測定パラダイムの根底には「ドメイン・サンプリング」と呼ばれる古典的テスト理論をベースとした考え方がある（Diamantopoulos and Winklhofer 2001）。この考え方では、測定が「概念ドメインにおけるすべての項目を利用した場合に得られるであろう得点を推定すること（Churchill 1979, p.68）」と規定されている[2]。無論、実際の測定状況で、概念ドメインに関係するすべての指標（引用文内では原文表現を優先し「項目」と表現している）を利用するということはほぼ不可能である。そこで、ちょうど全数調査が困難な場合に標本調査を採用するように、それら全指標の中の一部を標本として利用することで真の得点を推定することになる。つまり、概念ドメインに関わる全指標からいくつかの指標をサンプリングし、その指標の状態からパラメータとして構成概念の状態を推定するという考え方が暗黙のうちにとられているのである。これがこの測定に対する考え方をドメイン・サンプリングと呼ぶ所以である。

　この考え方から指標に関する重要なインプリケーションが得られる。前述したように、ここでは、概念測定の際に用いられる指標が、その概念ドメインの測定に適したすべての指標群（これが母集団に相当する）から得られる標本と見なされている。つまり、すべての指標はどれもが１つの構成概念を測定しており、それゆえ、そこからサンプリングされた指標もまた、これと同じ構成概念を測定していると考えられている。たとえば、ある概念の測定に際して３つの指標があったとしよう。各指標が当該構成概念の測定指標として適切であるならば、構成概念と３つの指標それぞれとの間には変動上の同調性（つまり強い相関関係）が見られるであろう。しかし、構成概念それ自体の変動が不明なので、この同調性を各指標の適切さに関する直接的な基

　2）　言うまでもなく、ここで推定しようとしている得点が前述した真の得点であり、測定対象である構成概念の状態を数値表現したものである。

準として用いることはできない。しかし、前述した前提にしたがうならば、3つの指標はどれも1つの共通因子を測定しているはずであり、この指標間の変動にも同調性が見られるはずだと考えることができる。つまり、実際に測定された指標全体が示す変動との同調性が低い指標は、指標と構成概念との相関関係が不明であったとしても、別の何かを測定している指標と見なすことができ、当該概念の指標としては適切でないという解釈になる。このように、ドメイン・サンプリングをベースとするChurchillのパラダイムでは、指標間に見られる変動の内的一貫性が指標選択上のルールとして大きな役割を果たしているのである。

4．2つの測定モデル：測定モデルと指標選択ルールの適合性

構成概念と指標との間にどういう関係を想定するかという研究上の前提は、測定全体のベースとなる重要な事柄であるが、マーケティング研究においてはこういった認識が必ずしも共有されているわけではなく、多くの場合、十分な検討がなされないままChurchillの測定パラダイムに見られる考え方を採用している（Diamantopoulos and Winklhofer 2001）。しかし、複数指標測定[3]を行う場合、先述したChurchillパラダイムでの研究前提だけでなく、それとは異なるもう1つ別の考え方が存在している。本節では、これら2つの研究前提について測定モデルを使いながらその特徴を説明し、両者間の差異の明確化を試みることとする。

複雑な現象を研究対象とするマーケティングは、他の研究領域と同様、その理論化において多くの構成概念を利用している。ブランド知識や製品関与といった消費者特性を表すものは言うに及ばず、市場志向や製品開発力など

---

3) 測定問題はさまざまな次元での選択問題に置き換えることができるが、構成概念を1つの指標で測定するか複数の指標で測定するかという点もその選択問題の1つである。現時点では、直接測定の困難な構成概念の測定の場合、複数指標による測定が優位であるというコンセンサスが得られている。

売り手組織の特性を表すものにも構成概念が利用されており、これらを要素とした概念モデルがマーケティング知識体系をつくり上げている。しかし、先述したように、構成概念の多くは目に見える形での実在物ではないので、常にそれを測定するための指標との関係を考慮しておかなければならない。こういった構成概念と指標の関係をモデルにしたものが測定モデルである。測定モデルは、パス図による表現と方程式による表現が可能であり、その表現方法には一定のルールが設定されている（この点については豊田 1992, 1998参照）。

　まず、前節で検討した Churchill パラダイムでの測定モデルについて考えてみよう。仮に2つの構成概念があり、それぞれが3つの指標によって測定されるケースを想定したとすると、図2のような測定モデルが得られる。つまり、ξ_1 という構成概念は x_1 から x_3 までの3つの指標によって測定され、ξ_2 という構成概念は x_4 から x_6 までの3つの指標によって測定されるとする。以下では、この測定モデルをリフレクティブ指標ベースの測定モデル (Reflective Indicators based Measurement Model：RIMM) と呼ぶこととする。測定モデル内の方程式は、因果関係を式で表現したものであり、左辺に結果を右辺に原因を表すようになっている。これによると、RIMM では、実際に測定される指標の状態が構成概念の状態によって規定されるという因果関係が想定されている。これは、パス図の矢印が構成概念から指標に向かって伸びていることにも表れている。つまり、RIMM における構成概念と指標との関係は、構成概念を原因、指標を結果とするような因果関係であると考えられているのである[4]。また、x_1 から x_3 までの3つの方程式の右辺

---

4) この点に関しては、必ずしも明確な因果関係がなくてもよいとする見解もある (Feyers and Marchin 2000)。確かに、2変数関係に限って言えば、相関はするものの明確な因果関係はないという関係は多く想定しうる。しかし、この測定モデルで注目するのは、指標群の中で見られる変動の同調性であり、その同調性を説明するために共通原因として構成概念を抽出する。こういったトライアド以上の関係においては、厳密ではなくともある程度の因果関係の方向性は規定されうるであろう。

にはξ₁が共通して含まれており、x₄からx₆までの３つの方程式の右辺にはξ₂が共通して含まれている。これは、パス図では、構成概念からそれを測定する指標すべてに対して矢印が伸びていることで表現されている。これらのことから、RIMMでの構成概念は、それを測定するために用意された指標のすべてに共通する原因であると想定されていることが分かる。これは、統計学的な表現で言えば、構成概念が全指標に共通して見られる分散であり（MacKenzie, Podsakoff and Jarvis 2005）、マーケティング研究で頻繁に利用される因子分析上で言うと、全指標の共通因子と位置づけられていることを表している。

このように構成概念を指標群に共通する要因と見なすRIMMに対し、もう１つのタイプの測定モデルは構成概念－指標間関係について全く異なる立

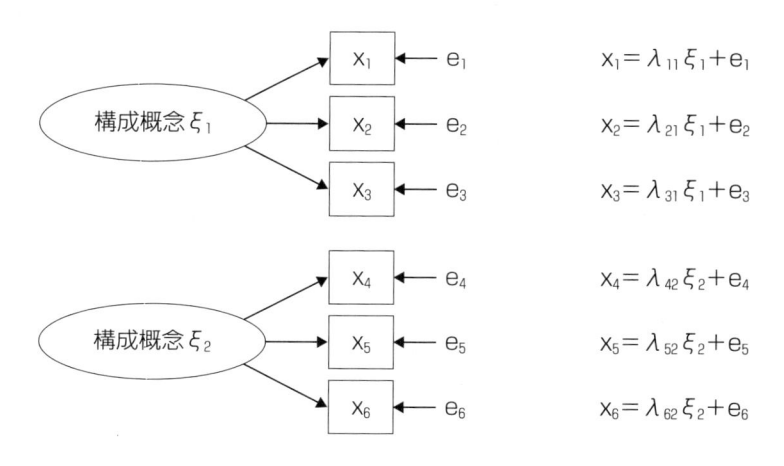

図２　RIMMのパス図と測定方程式

$$x_1 = \lambda_{11}\xi_1 + e_1$$
$$x_2 = \lambda_{21}\xi_1 + e_2$$
$$x_3 = \lambda_{31}\xi_1 + e_3$$

$$x_4 = \lambda_{42}\xi_2 + e_4$$
$$x_5 = \lambda_{52}\xi_2 + e_5$$
$$x_6 = \lambda_{62}\xi_2 + e_6$$

出典）パス図に関してはMacKenzie, Podsakoff and Jarvis (2005), p.711.
　　＊ただし、変数記号等は構造方程式モデリングで慣例的に利用されている形式に変更している。
　　＊＊構成概念を外生変数と設定しているが、より上位の構成概念の存在が想定される場合は内生変数（ηi）となることもある。

第2章 マーケティング・リサーチにおけるQOL概念の測定：測定モデルと測定指標開発

場をとる。以下では、この測定モデルをフォーマティブ指標ベースの測定モデル（Formative Indicators based Measurement Model：FIMM）と呼び、検討を進めていくことにしよう。このFIMMはマーケティング研究ではあまり利用されていない考え方であるが、経済学などではかなり普及しており（Diamantopoulos and Winklhofer 2001）、その測定モデルは図3のように規定されている[5]。FIMM内の測定方程式では、左辺に構成概念が右辺に指標がそれぞれ位置づけられており、またパス図では指標から構成概念へと矢印が伸びている。このことより、FIMMにおける構成概念と指標の関係は、指標を原因、構成概念を結果とするような因果関係であると考えられている

図3　FIMMのパス図と測定方程式

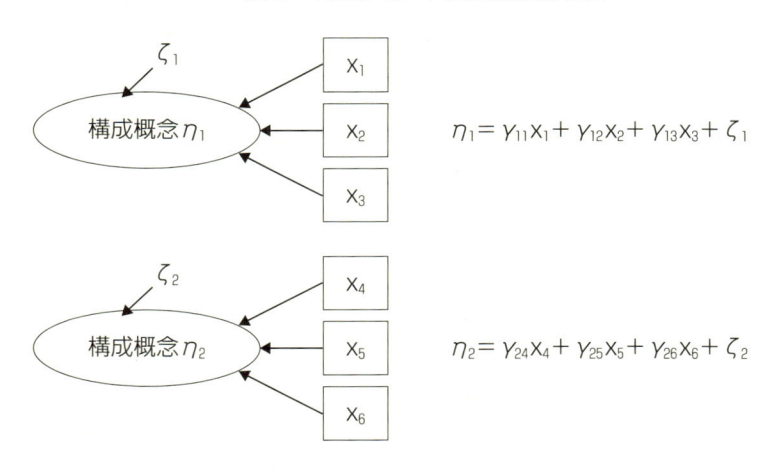

$$\eta_1 = \gamma_{11}x_1 + \gamma_{12}x_2 + \gamma_{13}x_3 + \zeta_1$$

$$\eta_2 = \gamma_{24}x_4 + \gamma_{25}x_5 + \gamma_{26}x_6 + \zeta_2$$

出典）パス図に関してはMacKenzie, Podsakoff and Jarvis (2005), p.711.
　　＊ただし、変数記号等は構造方程式モデリングで慣例的に利用されている形式に変更している。

5) なお、図3の設定は図2と同じである。つまり、2つの構成概念がありそれぞれは3つの指標で測定されると想定されている。構成概念の変数記号がξからηに変化したのは、指標との因果関係の逆転により、構成概念が外生変数から内生変数へと変化したことによるものである。

ことが分かる。また、構成概念ごとに設定されている方程式の右辺には、その構成概念を測定するために用意されたすべての指標が含まれており、構成概念はそれらの指標群により構成される合成関数であると仮定されている。つまり、FIMMでの構成概念とは、複数の指標を原因とし、それらが組み合わされて生み出される結果であり、RIMMとは因果関係の方向が真逆に設定されている。さらに、構成概念と指標群との関係に注目すると、FIMMにおける両者の間にはシステム階層上の上位－下位関係に近い関係が想定されている。つまり、全体領域（＝上位）である構成概念の状態は、その構成領域（＝下位）である個々の指標の状態の加重合成と定式化されている。

では、RIMMとFIMMの間にどういった違いがあるかを整理してみよう（Jarvis, MacKenzie and Podsakoff 2003, MacKenzie, Podsakoff and Jarvis 2005）。両測定モデルの基本的前提である「構成概念と指標との間に想定される関係」を起点としてその違いを整理したのが表2である。構成概念を指標の共通因子と見るRIMMでは、どの指標もその構成概念を測る手段の標本と見なされるので、信頼性が同程度であればどの指標をモデルから排除しても（あるいは追加しても）得られる結果は変わらないと仮定されている。

表2　RIMMとFIMMに見られる違い

	RIMM	FIMM
構成概念－指標間関係の認識（研究前提）	構成概念は指標群の共通因子である	構成概念は指標群の合成物である
指標間での代替可能性	各指標は同一のものを測定していると仮定されるので、同程度の信頼性であれば代替可能	各指標はそれぞれが構成概念の別の構成次元を測定しているので、指標間には代替可能性はない
指標間での相関関係に関する解釈	相関が高いほど内的一貫性があり、指標として好ましい	相関による評価は不可能。相関が高いほど多重共線性の発生可能性が高まる

第2章　マーケティング・リサーチにおけるQOL概念の測定：測定モデルと測定指標開発

しかし、構成概念を指標の合成物と見なすFIMMでは、各指標は構成概念を生み出す原因あるいは構成概念を構成する要素と位置づけられているので、指標がモデルから排除されるあるいは追加されると、それとともに構成要素も異なってきてしまい、結果的に別の構成概念が測定される可能性も出てくると考えられる。つまり、RIMMでは条件つきではあるが指標間での代替が論理的に可能であるのに対し、FIMMでは、その指標の組み合わせが構成概念を規定しているという特性上、指標の入れ替えや出し入れがなされればそれは別の構成概念を測定していると論理的には考えられるのである。

　また、構成概念 – 指標間関係に関する認識の差がもたらすもう1つの結果は、指標間の相関関係に対する解釈の違いである。RIMMではどの指標も同じ構成概念を測定しているがゆえに、その構成概念の測定に適した指標群であれば指標間に強い相関が見られると仮定されている。つまり、共通原因である構成概念を介して指標間の関係に共通した変動パターンが見られるようになると想定されているのである。したがって、RIMMの場合、アルファ係数などに代表される内的一貫性の測度が指標の主要な評価基準として用いられている。しかし、FIMMでは指標間における強い相関を指標の好ましい特性と解釈しなければならない理由はない。たとえば、マーケティング研究における主要な成果概念である顧客満足について考えてみよう。仮に測定したい対象を「店への全体的満足度」とする。この場合、測定対象はあまりにも漠然としていて、各被験者による解釈の恣意性の高さや得られる結果の再現性の低さといった点から見て、直接測定することが困難なケースが多い。その場合、多くの既存研究では、「品揃えに対する満足度」「設定価格に対する満足度」「店員の応対に対する満足度」あるいは「店舗施設に対する満足度」など、「店全体の満足度」を構成しかつ被験者による知覚が比較的容易な下位カテゴリーを指標として測定し、それを合成することで「店への全体満足度」を測定している。この時、上述した指標（つまり各下位カテゴリーに対する満足度）の変化はその合成変数である全体的満足度に反映され

る必要があるが、指標同士が相関している必要は全くない。事実、設定価格に対する満足度と店舗施設に対する満足度が類似した変動を示さねばならない理論的根拠はなく、両者への満足度がばらつくことはよくあることである。つまり、指標はその原因変数であるという意味では構成概念との間には高い相関関係がなければならないが、指標同士（つまり原因同士）の間には相関関係がなければならない理由はないのである（Diamantopoulos and Winklhofer 2001）。FIMMにおける指標間に強い相関が見られる場合、それぞれの指標から構成概念に向かう影響力の算出が概念的にも数学的にも困難になってくるという意味で、むしろネガティブな結果を生み出すことが予測される（MacKenzie, Podsakoff and Jarvis 2005）。なぜなら、FIMMにおける測定方程式の形が重回帰式と類似していることからも分かるように、多重共線性という問題が発生してしまうからである。

　構成概念−指標間関係についての認識の違いから生み出されたこれらの差異は、測度開発において極めて重要な意味を持っている。なぜなら、両測定モデルでは、指標選択を行う際のルールが全く異なっているからである。RIMMの場合、内的一貫性測度が示すように、指標間および指標と指標全体との相関関係が高いものは指標として適切であると判断され、低いものはノイズの大きい不適切な指標として測定モデルから排除される候補となる。しかし、FIMMの場合、指標間の内的一貫性は指標選択の基準にはならない。むしろ、内的一貫性の高い指標群に対しては、多重共線性を回避するような手立てがなされなければならないので、場合によってはその中のいくつかの指標が測定モデルから排除される可能性が出てくる（Jarvis, MacKenzie and Podsakoff 2003）。

　このように考えると、採用した測定モデルと指標選択のルールのミスマッチは、適切な測度開発作業において非常に致命的なミスということになる。RIMMにおいて多重共線性を避ける等の理由で相関の高い指標を排除することは、内的一貫性という基準と逆行しているし、FIMMを採用している

際に内的一貫性基準を採用して相関の高い指標のみを測定モデルに含めると、多重共線性の発生により不適切で解の安定しない構成概念が得られたり、その構成概念が本来持つ多次元的な特性を排除する結果を招くかもしれない。こうして生み出された不適切な指標を元に進められる経験的研究の結果は、恐らく科学的知識の蓄積に寄与しないノイジーなものになると考えられる（Jacoby 1978）。

5. QOL 概念とその測定モデル

　前2節を通じて、マーケティング研究で一般的に受け入れられている測度開発のための枠組みが必ずしもすべての測定状況に対して適用可能なわけではなく、採用する測定モデルと指標選択のルールとの間の整合化を図ることが極めて重要であるということを論じてきた。では、本論の主眼であるQOL概念の測定においてこの点をどう適用していけばよいのか。本節では、QOLに関する既存指標の整理およびQOL概念にかかわるいくつかの基礎理論の考察を通じて、この問いに対する答えを模索していくことにする。

　先述したように、QOL概念は多種多様な研究文脈においてさまざまな理論的パースペクティブから考察が加えられている（Sirgy 2001）。したがって、QOLの定義に関する見解は莫大な数にのぼり、それゆえその指標も非常に多岐にわたっている。Sirgy（2001）はそれらを分析レベルと概念範囲の包括性という分類軸を使って類型化しているが[6]、これらすべてのカテゴリーについて検討することは紙幅の都合上困難なので、以下では個人レベルにおける全体的QOL概念に領域を限定して議論を進めていくことにする。

---

[6]　Sirgy (2001) は、分析レベルとして個人・家族・コミュニティ・国といった4つのカテゴリーを、また概念範囲としては全体的QOLと領域特定的なQOLという2つのカテゴリーを示している。また、これ以外の分類軸としては、後述するリフレクティブ指標－フォーマティブ指標や主観的指標－客観的指標といった軸を用いている。

5-1. QOLに関する既存指標

　Sirgy（2001）はこの領域のQOLに関する測度の特性を「リフレクティブ指標か、フォーマティブ指標か」という基準によってさらに細かく分類し、各カテゴリーごとに測度例を整理している。表3はそれを元に具体的な測度例とその概要をまとめたものである。

　たとえば、Dienerらの提唱する生活満足測度では、「ほとんどの面で、私の生活は理想に近いものである」や「もし人生がやり直せるとしても、私は今と同じ生活を望むであろう」などといった5つの質問に対する回答がどれもその人のQOLの状態を反映していると仮定されている。換言すれば、その人の持つQOLがこういった5つの質問への回答で示される指標群の共通部分として存在しており、ゆえにQOL水準が高い被験者は、5つの指標群における得点もまた高い傾向にあるだろうと考えられている。これと同様に、Woodらの提唱するリフレクティブ生活満足測度も、「私は自分の生活の中で期待したものをほとんど手に入れてきた」や「私は人生において、私の知人よりも多くの幸福に恵まれてきた」といった9つの質問項目からなる指標群の共通原因あるいは共通部分としてその人のQOLを測定することができると考えられている。

　一方、フォーマティブ指標を使った測度例であるComQOL-A5は、物質的ウェルビーング、健康、コミュニティにおける立場など7つの次元に対する自己報告形式の回答をその重要度で加重し合成した得点としてQOLを測定している。つまり、ここではQOLという概念が、列挙された7つの下位次元によって構成されている概念であり、各次元に対する評価を最も合理的に組み合わせたものが全体的なQOLの状態を示していると想定されている。これと同様、QOL質問票やQOL目録も、列挙されている複数の下位次元によりQOLが構成されると想定されており、各次元の評価の合成得点がQOL全体の状態を示唆していると考えられている[7]。

　ここで注意すべき点は、このフォーマティブ指標を使った測度の場合、さ

第2章 マーケティング・リサーチにおけるQOL概念の測定：測定モデルと測定指標開発

表3 個人レベルでの全体的QOLに関する測度例

リフレクティブ指標を使った測度例

生活満足測度	Diener et al. 1985	「ほとんどの面で、私の生活は理想に近いものである」「私の生活の状況はすばらしいものである」「もし人生がやり直せるとしても、私は今と同じ人生を望むであろう」など5つの質問項目からなる測度。7点リカート尺度で評価される。
リフレクティブ生活満足測度	Wood, Wylie and Shaefer 1969	「自分の人生を振り返ってみると、私は非常に満足している」「私は自分の生活の中で期待したものをほとんど手に入れることができた」「人生を振り返ってみると、私は自分が望んだ重要なもののほとんどを手に入れてこなかった（R）」「私は人生において、自分の知人よりも多くの幸福に恵まれてきた」など9つの質問項目からなる測度。5点リカート尺度で評価される。
調和生活満足測度	Meadow et al. 1992; Sirgy et al. 1995a	生活満足が知覚生活達成度と基準集合の対比で決定されるという理論的知見に基づいている。ここで言う基準は、派生源泉（親類・友人・同僚の生活達成度、過去の経験、強みと弱みに関する自己概念、同じ地位における平均的な人の生活達成度など）とその形態（理想的な成果、期待した成果、最低限許容できる成果、予測された成果など）の関数として表される（たとえば、「あなたの人生の目標、理想、あなたが理想的になりたいと望んでいた状態と比べて、あなたは現状にどの程度満足していますか」「あなたの友人や同僚の達成度と比べて、あなたは現状にどの程度満足していますか」など）。回答は「非常に満足」から「非常に不満足」までの6点尺度で記録される。

フォーマティブ指標を使った測度例

ComQOL-A5	Cummins 1996	健康や安全、コミュニティにおける立場など7つのQOL次元について、主観的な用語と客観的な用語の両方で指標が示される。それらは各次元の重要性で重み付けされ、合成される。
QOL質問票	Greeley, Greenberg and Brown 1997	財務状況、余暇、家族など7つのQOL次元について、短答形式の質問票が用いられる。
QOL目録	Frisch 1992	健康、自己尊厳、お金、仕事、遊び、家族など16個のQOL次元について指標が示され、各次元の重要性で加重され、合成される。

出典）Sirgy（2001）訳書、pp.105-112の一部を表にまとめたもの

まざまな生活下位次元への評価を合算することで全体的な QOL 水準を理解しようとしている点である。つまり、指標として得られる下位生活領域の状態を総合的に把握し、それを上位の構成概念の状態に置き換えて理解しようとする方法なのである。これは、構成概念である QOL の水準がすでに指標群に共通する因子として存在しており、それが指標の状態や指標群に見られる変動の同調性に反映されると考えられているリフレクティブ指標を使った測度例とは根本的に異なっている。

5-2. QOL 概念の測定と FIMM

　既存指標の例が示すように、QOL の測定では、RIMM と FIMM がともに見られるが、どちらかというと FIMM を採用するケースの方が多く見られる。その背景にはさまざまな理由があると思われるが、少なくとも 2 つの理由を見出すことができる。その 1 つは、ボトム・アップ型流出（bottom-up spillover）という考え方が QOL を概念化する際の基本的なパースペクティブとしてよく利用されている点をあげることができる。この考え方は、より一般化して言うと、生活評価である QOL がその生活を構成するさまざまな生活下位領域への評価に基づきながら決定されるというものであり（Sirgy 2001）、このような考え方を QOL 研究で採用するのは、生活という QOL 概念の中核部分があまりにも漠然とした対象だからであると考えられる。こうした考え方は測定モデルにも影響を有している。測定の際に生活全般を被験者に評価させることは可能である。しかし、被験者がそれをどう解釈するかという点でかなり恣意性があるという点や、回答の際の気分など短期的変動

---

7) ここでは紙幅の都合上、個人レベルでの QOL に議論を限っているが、その他の集計レベルでもフォーマティブ指標を使った測度は多く見受けられる。たとえば、国という集計レベルで見ると、国連が用いている人間開発指数は、寿命（出生時平均余命）、知識（成人識字率）、そして経済水準（1 人当たりの所得）という 3 つの客観指標の合成測度として QOL を測定している。また、地域や州のレベルで見ると、年次バージニア QOL 調査では、職探し、教育環境、水質などに関する評価の合成得点としてその地域の QOL を測定している。詳しくは Sirgy（2001）を参照されたい。

第2章　マーケティング・リサーチにおけるQOL概念の測定：測定モデルと測定指標開発

に影響を受け必ずしも再現性が高いとは言えないという点などを鑑みると、そういった漠然とした対象領域を直接測定することは得策ではない。それゆえ、生活という漠然とした対象を被験者の評価しやすい事柄にまで落とし込んでいき、一旦信頼度の高い評価を得てから最後にそれを総合化するというFIMMには一定のメリットがあると言えよう。

　もう1つは、QOL研究の文脈や目的が非常に多様で、それによってQOLという言葉の指示対象が変化するという点である。QOLに関わる文脈は、社会福祉政策や都市計画、公的機関のマーケティング政策などの決定から、臨床心理士のカウンセリング、あるいは医師の末期治療方針の決定に至るまで非常に多岐にわたっている。そして、それぞれにおいてQOLが指しているものは異なっている。たとえば、臨床心理士にとって関心のあるQOLとはそのクライアント個人が感じているQOLであり、国連が指しているQOLとは異なっている。同じQOLという言葉を指していても、その規定のされ方がさまざまであり、研究文脈に依存しない指示対象が存在しているわけではない。こういった場合、採用する生活下位領域の取捨選択や強調の仕方によって、研究関心に適したQOLを測定するという裁量が残されているFIMMを採用する方がメリットを有していると言えよう。

　このように、QOL概念の測定という文脈においては、FIMMの採用に適した状況も見受けられる。それゆえ、ChurchillパラダイムとそこでのFIMMに基づき測定されたQOLへと適用することは問題があり、これとは異なる測度開発の枠組みが模索される必要があると言える。

6．QOLの測度開発に関する課題：将来の研究方向に関する試論

　前節までの議論を通じて、マーケティング研究で一般的に受け入れられている測度開発の枠組みはRIMMを念頭に置いたものであり、FIMMが採用されているQOL概念の測定にそのまま応用することは問題があること、ゆ

えに FIMM をベースとする測度開発に対応した枠組みを模索する必要があることが示されてきた。しかし、この点に関する研究はまだ途に就いたばかりである。RIMM をベースとした測度開発の枠組みはかなり精緻化されてきているが、FIMM をベースとした枠組みの開発にはまだ十分な展開が見られていないというのが現状である。そこで、本論の最後に、この領域における主要な研究課題をフォーマティブ指標の特性から引き出し、将来進むべき方向性についての探索的な議論を試みることとする。

フォーマティブ指標は、測定を試みる構成概念の構成次元、あるいは構成概念の状態を決定する原因という位置づけがなされている。それらは、同一の対象を反映した標本としてのリフレクティブ指標とは異なり、指標間での取り替えがきかない場合もあり、また内的一貫性基準のように指標間の関係について論理的に引き出される基準もない。それらは、各々が独自の存在であり、その1つひとつが構成次元として概念の規定自体に関与している。このことは、構成概念の意味がその測度によって与えられ、測度を超える意味を持たないとする操作化主義（operationalism）に通じており（Diamantopoulos and Winklhofer 2001）、どの指標を採用するか、つまりどの構成次元を概念に含めるかという研究者の意思決定によって測定される内容が決定してしまう可能性があることを意味している。

前述したように、QOL は非常に多面的で研究動機も多岐にわたっている概念なので、研究者による裁量が残されていることはある程度のメリットを有している。しかし一方で、指標の選択には、なおいっそうの慎重な態度が要求されるのである。それは、言うまでもなく、その選択によって測定しているもの自体が変わってしまうからであり、知見の蓄積と知識の進歩という科学的な研究方法を考えれば、同じ言葉に対する意味の多様性は一定の範囲内で統制されなければならないからである。

そういった意味では、QOL の概念的枠組みを精緻化すること、特に QOL の概念次元と先行変数を包括的に理解し類型化することは、より適切な測定

のための基盤づくりとして今後取り組んでいかなければならない課題の１つである。概念を構成する次元や先行変数の包括的なリストは、フォーマティブ指標の候補の一覧でもあり、ここから研究目的にとって合理的なものを選択することで、意味の多様化に対する適切な統制が可能となる。このように考えると、フォーマティブ指標の選択基準の１つは、アルファ係数などのように測定の中に存在するものではなく、むしろ外側の研究目的との適合性にあるのかもしれない。

また、自らの研究目的と採用した測定モデルを明示するような研究慣例をつくっていくことも重要であろう。その実現には長い時間と広い理解が必要であるが、RIMMでの内部一貫性基準のように客観的な指標選択基準がFIMMには存在していない以上、研究目的との適合性に関する判断は主観的になされなければならず、そのフィルターの主観的な歪みに対応するためには多くの研究者の目による判断が必要となる。

7．むすびにかえて

本論では、マーケティングの社会的成果として注目されているQOL概念の測定という点から、構成概念の指標開発の枠組みについて検討を行ってきた。QOLは、その概念の汎用性や研究文脈の多様性から、FIMMを採用した測定が多く見られる。この場合、RIMMを前提としたChurchillの測定パラダイムをそのまま適用すると指標の特質と指標選択ルールの間に齟齬が生じ、不適切な指標開発がなされてしまう恐れがある。そして、こういった適切でない測定に基づく研究結果は、知識の進歩に対して貢献しないばかりか、時には誤解や混乱を招くようなネガティブな結果を生じさせることもある。採用されている測定モデルがRIMMかFIMMかを識別し、それに適した指標選択ルールの採用を心がけることは、こういった事態を回避するために必要な事柄であろう。しかし、マーケティング研究の領域では、RIMM

をベースとした測度開発がかなり精緻化されてきているのとは対照的に、FIMM をベースとした測度開発モデルについての検討が体系的になされてきたとは言えない状況にある。本論では、最後に、FIMM の中心的な指標選択基準として研究目的との整合性という基準に注目し、概念モデルの精緻化、特にその構成概念の構成次元や先行変数の包括的な理解と類型化がなされること、そして研究目的や採用した指標群を明記することがこういった FIMM における測度開発枠組みの形成上、重要な課題ではないのかという試論的な検討を行った。

通常、研究の主眼や研究仮説は、考察対象である構成概念間の関係について設定されることが多い。したがって、構成概念とそれを測定するための指標の関係、つまり測定モデルに対しては、副次的あるいは手段的な位置づけがなされ、軽視される傾向にある。しかし、直接的にその存在や状態を測定することのできない構成概念を多用するマーケティング研究においては、こういった測定の問題は極めて重要であり、測定状況に応じた適切な指標づくりを行っていくための枠組みを準備しておくことが必要である。特に、体系的な進展がいまだに見られない FIMM をベースとした測度開発の枠組みの作成は、今後取り組まれるべき課題としての優先順位が高いと言えよう。

〈引用・参考文献〉

Bonoma, T. V. and B. H. Clark (1988), *Marketing Performance Assessment*, Harvard Business School Press, Boston, Massachusetts.

Carol, B., C. Mentzer, J. T. Bird and M. Murphy (1997), "Measuring Physical Distribution Service Quality", *Journal of Academy of Marketing Science*, Vol.25-1, pp.31-46.

Churchill, G. A., Jr. (1979), "A Paradigm for Developing Better Measures of Marketing Constructs", *Journal of Marketing Research*, Vol.16-February, pp.64-73.

Clark, B. H. (1999), "Marketing Performance Measures: History and Interrelationships", *Journal of Marketing Management*, Vol.15, pp.711-732.

Clewett, R. L. and J. C. Olson (1974), *Social Indicators and Marketing*, American Marketing Associations.

Cynthia, W. (1990), "Toward the Measurement of the Marketing Culture of a Service Firm", *Journal of Business Research*, Vol.21-4, pp.345-363.

Diamantopoulos, A. and H. M. Winklhofer (2001), "Index Construction with Formative Indicators: An Alternative to Scale Development", *Journal of Marketing Research*, Vol.38-2, pp.269-277.

Fayers, P. M. and D. Machin (2000), *Quality of Life: Assessment, Analysis and Interpretation*, West Sussex: John Wiley & Sons.（福原俊一、数間恵子監訳『QOL評価学：測定、解析、解釈のすべて』中山書店、2005年）

Heskett, J. L., T. O. Jones, G. W. Loveman, E. Sasser, Jr. and L. A. Schlesinger (1994), "Putting the Service-Profit-Chain to Work", *Harvard Business Review*, March-April, pp.164-174.

Jacoby, J. (1978), "Consumer Research: A State of the Art Review", *Journal of Marketing*, 42-April, pp.87-96.

Jarvis, C. B., S. B. MacKenzie and P. M. Podsakoff (2003), "A Critical Review of Construct Indicators and Measurement Model Misspecification in Marketing and Consumer Research", *Journal of Consumer Research*, Vol.30-September, pp.199-218.

Lee, D. J. and M. J. Sirgy (2004), "Quality-of-Life (QOL) Marketing: Proposed Antecedents and Consequences", *Journal of Macromarketing*, Vol.24-1, pp.44-58.

MacKenzie, S. B., P. M. Podsakoff and C. B. Jarvis (2005), "The Problem of Measurement Model Misspecification in Behavioral and Organizational Research and Some Recommended Solutions", *Journal of Applied Psychology*, Vol.90-4, pp.710-730.

Morgan, N. A., B. H. Clark and R. Gooner (2002), "Marketing Productivity, Marketing Audits, and Systems for Marketing Performance Assessment Integrating multiple perspectives", *Journal of Business Research*, Vol.55, pp.363-375.

Odin, Y., N. Odin and P. V. Florence (2001), "Conceptual and Operational Aspects of Brand Loyalty: An Empirical Investigation", *Journal of Business Research*, Vol.53-2.

Rust, R. T., A. J. Zahorik and T. L. Keiningham (1995), "Return on Quality (ROQ): Making Service Quality Financially Accountable", *Journal of Marketing*, Vol.59-2, pp.58-70.

Sirgy, M. J. (2001), *Handbook of Quality-Of-Life Research: An Ethical Marketing Perspective*, Kluwer Academic Publishers.（高橋昭夫・藤井秀登・福田康典訳『QOL リサーチ・ハンドブック：マーケティングとクオリティ・オブ・ライフ』同友館、2005年）

Sirgy, M. J. (1996), "Strategic Marketing Planning Guided by the Quality-of-Life (QOL) Concept", *Journal of Business Ethics*, Vol.15-3, pp.241-259.

Sirgy, M. J. and D. J. Lee (1994), "Setting Socially Responsible Marketing Objectives: A Quality-Of-Life Approach", *European Journal of Marketing*, Vol.30-5, pp.20-34.

豊田秀樹（1992）『SAS による共分散構造分析』東京大学出版会。

豊田秀樹（1998）『共分散構造分析［入門編］―構造方程式モデリング』朝倉書店。

福田康典（2006）「マーケティング成果測定における概念的基盤」『明大商学論叢』第88巻4号；pp.91-106。

福田康典（2007）「マーケティング成果指標としてのクオリティ・オブ・ライフ」『日本経営診断学会論集第7巻：流通と経営診断』同友館、pp.67-77。

三重野卓（2000）『「生活の質」と共生』白桃書房。

第3章

消費者 QOL と小売業[1]

澤内 隆志・高橋 昭夫

要旨：マーケティングは、消費者の QOL にプラスばかりでなく、マイナスの影響も与えている。小売業者のマーケティング戦略は、直接的に消費者の生活に影響を及ぼす。いわゆる価格破壊という現象は、消費者の生活へのメリットが強調されてきたが、いくつかのデメリットももたらしてきた点を看過すべきではない。小売業者のディスカウント戦略は、合理的なタイプと競争的なタイプに大別される。合理的ディスカウント戦略とは、企業が、その生産原価もしくは仕入原価を、合理的生産や合理的仕入などによって、通常の場合よりも低い価格でもって実現することに成功し、あるいは販売費および一般管理費などの合理的節約などによって、その販売コストを引き下げることに成功し、その結果、一定のマージンを確保しながらその販売価格を一般の市場価格よりも低く決定する、というタイプの価格戦略である。これに対して、競争的ディスカウント戦略とは、企業が、競争業者との販売競争のために、少しでも競争業者よりも価格を安く販売することを考え、その手段として、コストやマージンの如何にかかわらず、ただ単に販売価格のみを切り下げる、というタイプの価格戦略である。競争的ディスカウント戦略は、卸売業者間の激しい価格競争を招来させ、そしてその競争がさらに製造業者間の激しい価格競争を招来させる危険性を

---

1) 本章は、澤内（2000）に加筆・修正を加えたものである。

常に持っているのである。その結果として発生する、消費者に与えるであろうデメリットとしては、①商品の品質の低下、②消費者に遂行するサービスの低下、③新商品の減少、④信用ある有力なメーカー品の後退（ブランドの信用力の低下）、⑤価格に対する信頼感の低下、⑥比較購買の時間的ロスの増大、⑦資源・エネルギー問題などの拡大、⑧環境問題などの拡大、などを指摘することができるであろう。このような価格破壊を推し進める考え方の背後には、小売コンセプトの欠如があったと考えられる。現代の小売業者は、小売コンセプトに立脚し、QOLを増進するマーケティングの展開が求められていると言えよう。

> キーワード：価格破壊、ディスカウント戦略、商的流通、消費者欲求の二極化、リテイル・ストラテジー・ミックス

1. はじめに

マーケティングは、時間効用や場所効用などを創造することによって、消費者QOLを高めてきた。Sirgy（2001）は、QOLマーケティングを消費者のウェルビーング[2]を極大化するために消費者向けの経済財を計画し、価格設定し、プロモーションし、流通させるというビジネス・メカニズムであると定義したうえで、消費者ウェルビーングは、ウェルビーングの5つの次元、すなわち、経済財の取得、所有、消費、維持、廃棄という観点から定義されると説明している。また、さまざまな消費者ウェルビーングの概念を次のように紹介している。
・財やサービスの取得と消費に対する満足（Leelakulthanit *et al.* 1991）

---

2) ウェルビーングの概念については、第1章p.6を参照されたい。

- 仕事や買物のための移動やアクセス、その地域で受けられる医療サービス、そしてその地域で買うことのできる財やサービスについての人々が持つ感情（Andrews and Withey 1976）
- 小売機関を通じて取得される財やサービス、店員とのやりとり、そして財およびサービス施設との相互作用に対する満足（Meadow 1983）
- 消費者向けの財やサービスの取得、および家／アパート、家具、自動車／トラック、衣服／装飾品、貯蓄といった財の所有に対する満足（Day 1987）
- 有形財の取得、所有、および維持に対する満足（Sirgy and Lee 1995; Sirgy 2001, p.316）

　確かに、マーケティングは消費者のウェルビーングを増進してきたと言えるが、マイナスの影響を与えてきたことも事実である（Hamburger and Paulo 1974）。本章では、マーケティング、特に消費者の生活に直接的に影響を及ぼす小売業者のマーケティング戦略と消費者ウェルビーング[3]に関して、わが国のバブル崩壊後の小売業の実態をケース・スタディとして取り上げながら、考察を加えることにしたい。

---

[3] 高齢な消費者にとってショッピング・モールは、社会的関係や健康面でもプラスの影響を有している点について、Anderson（1992）は、次のように説明している。「高齢の消費者、特に毎日ショッピング・モールへ行く人々の特徴を分析するリサーチを行った。その結果、他に何もすることがない時に見ず知らずの人々と出会えるモールは自分たちのQOLを高めうると大部分の高齢の消費者によって（ショッピング・モールを訪れる頻度にかかわらず）信じられているとされた。ショッピング・モールは社会との交流や健康の維持を達成できる場所と考えられている。高齢の消費者は家族とともにそして家族のために、エクササイズやフィットネスへの参加およびモールの便利性や雰囲気の享受を目的にショッピング・モールへ行く。換言すれば、ショッピング・モールは、安全で、清潔で、さほど混雑せず、くつろげる場所だと見なされている。ショッピング・モールは、社会活動、健康、幸福、および全体的な士気に対するニーズを充足することで高齢者のQOLにおいて中心的役割を果たしている（Sirgy 2001, 訳書, pp.285-286）」と。

2．小売業者の価格戦略の一般的傾向と問題点

2－1．価格破壊の意義とそのタイプ

　バブル崩壊後において、「価格破壊」という用語がしばしば使用されるようになった。そこで、まず最初に、その用語が使用されて間もない1994年当時の、いわゆる「価格破壊」という用語の意義について、2つの調査データを参考にして規定してみることにする。

　その第1の調査[4]では、いわゆる「価格破壊」についての消費者の「その用語についてのイメージ」と「その起きる理由と原因」について調べているが、その結果を参考にしてみると次の通りである。

　「価格破壊と言われたら、まず最初に思うのは具体的に何か」の問いに、「ディスカウント・ストア」（17.4％）をイメージする人が最も多かった。次いで、「電化製品の値段」（10.5％）、「酒の値段」（10.2％）と回答している。そして、少数意見ではあるが、「日本の経済はどうなるのか？」「小売店はやっていけるのだろうか？」と今後を危惧する回答もあった。

　そして、次に、「価格破壊は何故起きると思うか」という問いに対して、4人に1人が「今までが高すぎた」（24.2％）と指摘し、2位以下は「流通ルートの簡素化」（16.8％）、「消費者意識の変化」（16.0％）などをあげている。

　また、「価格破壊が起きるということは、どこかに安くできる理由があるわけだが、どこにその原因があったと思うか」という問いに対して、「流通経路の複雑さ」（59.7％）と考える人が非常に多かった。次いで、「円高差益還元」（13.7％）、「中間マージンの取り過ぎ」（9.5％）という回答結果が得られた。

　一方、第2の調査[5]として、総理府の「物価問題に関する世論調査」によ

---

[4]　住友生命保険のアンテナ・ショップLAVIE（ラビィ）青山による調査、『日経流通新聞』1995年1月24日号。

ると、「スーパーやディスカウント・ストアなどで主流となりつつある低価格商品の販売」について、「好ましいこと」(66.2%) と評価していることがわかった。しかし、価格破壊現象が進行すると、企業業績の悪化も懸念されることから「好ましいと思わない」(18.7%) と回答した人もおり、プラス面評価とマイナス面評価に分かれた結果となった。

そして、価格破壊を「好ましい」と答えた人を対象に「価格破壊を進めるために必要なこと」を聞いた(複数回答)ところ、最も回答が多かったのが「消費者が低価格商品を選択する」(45.7%) であった。次いで、「企業や流通部門がコストを削減する」(42.4%) が続き、「政府が積極的に規制緩和を推進する」(34.1%) が3番目であった。

それに対して、価格破壊現象を「好ましいと思わない」と回答した人の中で、その理由を聞いた(複数回答)ところ、「価格の低下より品質や機能を重視すべきだ」(48.7%) と回答しており、価格の安い商品の品質や機能に疑問を抱いている人が、「好ましいと思わない」(18.7%) のうちの約半数近くいた。このほかに「製造業や小売業などの収益が悪化し、景気回復が遅れる」(41.5%)、「賃金が伸びない」(24.1%)、「失業が増加する」(24.1%) といった、企業収益の悪化を心配する意見も多かった。

そこで、これらの調査結果を踏まえて、現実に起こった「価格破壊」は一般論で言えば、「好ましい現象」であるとは必ずしも言えないと思われる。

その理由は、すでに指摘した「日本の経済はどうなるのか?」「製造業や小売業などの収益が悪化し、景気回復が遅れる」「失業が増加する」などの疑問や回答がほぼ結果的には現実に近い状況にあると思われるからである。また、「小売店はやっていけるのだろうか?」という疑問に対して答えれば、通産省の平成9年の商業統計速報[6]によれば、1994年に小売商店は約150万店あったが、3年後の1997年には約142万店となり、中小・零細規模の小売

---

5) 総理府による調査『日経流通新聞』1995年1月24日号。
6) 通商産業大臣官房調査統計部 (1998)「平成9年商業統計速報」p.7。

商店で約8万店減少している、と言える。

　それでは、「価格破壊」、つまり小売価格が一般的に安くなったということは、小売業者はディスカウント戦略によって価格を低く設定することができたということを意味するが、それらの実態をいくつかのタイプに分けて整理すれば、次のようにまとめることができるであろう。

　まず、第1のタイプは、従来から使用されてきているところの製造業者主導型の「小売希望価格」とか、「再販売指定価格」とか呼ばれていた価格より、小売業者レベルでより低い価格で販売した場合である。そして、第2のタイプは、製造業者自身がオープン価格制を採用することによって、小売業者自身が競争相手の小売業者より積極的に低い価格を設定し、販売した場合である。さらに第3のタイプは、小売業者自身が何らかの方法[7]でプライベート・ブランド商品（P.B.商品）を開発し、ナショナル・ブランド商品（N.B.商品）よりも低い価格を設定し、販売した場合である。また第4のタイプとしては、海外からの輸入品の円高差益の還元や並行輸入による仕入原価の引き下げによって低い価格を設定し、販売した場合などである。

　このように、いわゆる「価格破壊」のタイプを4つに分けた場合に、そのメリットよりもデメリットが生じると考えられるのは、競争的ディスカウント戦略が採用される危険性があると思われる第1のタイプと第2のタイプである。

2－2．価格破壊の現状

　すでに2－1で述べたように、いわゆる「価格破壊現象」は、われわれにメリットよりも多くのデメリットを結果的にもたらしていると言えるであろう。

---

[7] 小売業者自身が直営の工場を持ち製造する場合、小売業者が日本の下請メーカーと契約し、買取仕入をする場合、ナショナル・ブランド商品を製造しているメーカーと製販同盟を結んで買取仕入をする場合、海外からの開発輸入や逆輸入による場合などがある。

そこで、現状のような「価格の動向」、つまり小売業者間の激しい価格競争が、われわれに多くのメリットをもたらしてくれるために、わが国の企業は、どのような考え方に基づいて努力すべきであったかについては、次のように言及できるであろう。それは、すなわち、わが国の製造業者、卸売業者、小売業者、サービス業者、そしてその他の企業がすべて、それぞれの販売対象者の欲求を過去から現在、さらに将来に向けてより高いレベルで満足させるという考え方のもとに、マーケティング環境がダイナミックに変化している状況下で適切な環境分析を行い、その環境に適合し、さらには環境創造しながら、公正取引をモットーに常に企業努力を続けることによって、合理化や能率化を達成しえた結果として、それらの企業が適正な利益を確保し、かつ社会的責任を遂行しつつ、現状のような「価格の動向」が進展しているとすれば、それは、まさに「マーケティング革新」であり、価格について言えば、それは、「価格破壊」ではなく、「価格革新」（Price Innovation）と呼ばれるべきである、と言うことができるであろう。

　ところが、現状は、そのような企業努力が必ずしもなされずに「価格破壊現象」が起こったのである。

　そこで、いわゆる「価格破壊」という現象を『流通経済の手引（1995年版[8]と1997年版[9]）』を参考にして検討してみたいと思う。まず、1995年版の説明は次の通りである。

　「今、日本は革命のさ中にある。『新価格革命』という革命である。

　戦後最長ともいわれる不況の中で始まった消費財の値崩れは、当初、元気が回復するにつれて元のさやに収まると思われていた。しかし、1994年春以降、個人消費が上昇に転じたにもかかわらず、低価格の勢いは衰えるどころかさらに激しさを増した。家電などの耐久消費財、加工食品、衣料、日用雑貨など、基礎的な生活資材はもとより、酒、化粧品、ファッション商品、宝

---

8) 日経流通新聞編『流通経済の手引』1995年版、pp. Ⅰ～Ⅱ。
9) 日経流通新聞編『流通経済の手引』1997年版、p. Ⅰ。

飾品、生鮮食品などの従来は安売りの対象になりにくかった分野にも値崩れは広がり、外食産業やサービス業でも価格破壊が始まった。今や消費者の身の周りで値段が下がらないのは公共料金と各種規制料金だけといってもよい状況になった。

　消費の現場で起きたこの動きは、問屋や販売会社を通じて消費財メーカーに対する値下げ圧力となり、さらに生産財、素材メーカーにも波及して、日本の産業界全体を揺さぶる流れになった。もはやこれが景気循環に伴う一時的現象ではなく、構造的な価格体系の修正であることは誰の目にも明らかになった」

　そして、1997年版では、次のように説明されている。

　「流通業界はバブル経済崩壊後の新しい店舗開発や商品政策にはっきりした方向が見いだせないでいるようだ。

　ディスインフレで進行した『新価格革命』の主役と思われたディスカウント・ストアの経営にほころびが目立つ。低価格のP.B.商品を前面に押し出したスポーツ用品・用具販売のオリンピック・スポーツ、パソコン安売りで先駆したステップが相次いで和議を申請し、事実上倒産した。その理由としては、依然としてブランド志向の強いスポーツやレジャー分野の商品特性を見誤ったり、家電用品並みにパソコンが普及する中で初心者への対応が後手に回ったりと、きめ細かな品揃えやサービスができなかったことなどを指摘できる。また、価格破壊のリーダーを自ら任じたダイエーも、コスト削減のためのリストラクチャリング（事業の再構築）が結果的に円滑な店舗運営を損ない、売れ行き不振を招いた」

　このように、1995年版と1997年版の『流通経済の手引』では、長引く価格破壊の現状を説明しているが、小売業界はどのような方向に向かっていくべきなのかについて、明確な方向が打ち出せないでいる苦悩が読み取れる。

　そこで、次項においては、小売業者間の競争が決して「価格」だけの要素ではないことを念頭において、価格競争の正しい考え方、進め方について検

討してみることにする。

２−３．ディスカウント戦略の意義と形態

「ディスカウント（Discount）」という用語は、一般的に「値引」と邦訳されている。

いままでに述べてきた、いわゆる「価格破壊現象」は、いろいろな小売業者が競争相手に対する競争の手段としての価格競争、つまり「ディスカウント戦略」を価格戦略として採用するようになったことによって起こったと言うことができる。

そして、そのディスカウント戦略は、理論的には、その本質を異にする２つのタイプのものがあると言われている[10]。すなわち、その１つは、合理的な基礎を持つディスカウント戦略であり、また他の１つは、販売競争の手段として行われるディスカウント戦略である。この２つのディスカウント戦略は確かに結果として形成される販売価格、いわゆる「ディスカウント価格（Discount Price）」にほかならないことは共通的である。しかし、その価格戦略が拠って立つ基盤を異にしているのである。

第１の「合理的な基盤を持つディスカウント戦略」、すなわち「合理的ディスカウント戦略」とは、企業が、その生産原価もしくは仕入原価を、合理的生産や合理的仕入などによって、通常の場合よりも低い価格でもって実現することに成功し、あるいは販売費および一般管理費などの合理的節約などによって、その販売コストを引き下げることに成功し、その結果、一定のマージンを確保しながらその販売価格を一般の市場価格よりも低く決定する、というタイプの価格戦略である。

これに対して、第２の「販売競争の手段として行われるディスカウント戦略」、すなわち「競争的ディスカウント戦略」とは、企業が、競争業者との

10）清水晶（1973）『動的時代のマーケティング』誠文堂新光社、pp.220-227。

販売競争のために、少しでも競争業者よりも価格を安く販売することを考え、その手段として、コストやマージンの如何にかかわらず、ただ単に販売価格のみを切り下げる、というタイプの価格戦略である。

このようにディスカウント戦略を、本質を異にする2つのタイプのものに区別して認識することは、いわゆるディスカウント戦略を正しく理解し、有効に活用し、また適切に批判するうえで極めて重要な意味を持っているのである。

それというのは、マージンは適正なものを確保しながら、しかし何人にも迷惑をかけずに、合理的経営や能率的販売によって、生産コストや、仕入コストや、販売コストなどを節減することによって、販売価格を一般の市場価格よりも切り下げるということは、最も重視されるべき消費者利益の保護という観点や物価高騰の抑制という観点から考えれば、大いに歓迎されるべき価格戦略であり、また支持されるべき価格戦略であると言える。

これに対して、「競争的ディスカウント戦略」は、その本質において、はなはだ非合理的なものであり、破壊的なものである。すなわち、これは、コストの如何にかかわらず、また利益の如何にかかわらず、競争業者との競争上ないし対抗上の観点からのみ、販売価格そのものを切り下げるものであって、それが欠損や倒産をもたらす結果を招くかもしれないということについては、少なくともその価格決定の際には度外視されているものである。そして、そのような価格戦略が継続して行われるならば、やがては、その企業のみならず、業界の全体が危険な状態に陥り、また消費者や取引先に対して、さらにまた経済社会の全般に対しても、不利な状態を招き、あるいは悲惨な結果をもたらすであろう。

そこで、現実に立ち戻って、いわゆる「価格破壊」なる現象を考えた時、小売業者間の価格競争は、すべて「合理的ディスカウント戦略」によるものであるとは決して明言できないであろう。

言うまでもなく、小売業者間における「競争的ディスカウント戦略」は、

卸売業者間の激しい価格競争を招来させ、そしてその競争がさらに製造業者間の激しい価格競争を招来させる危険性を常に持っているのである。その結果は、消費者に与えるであろうデメリットとして、
① 商品の品質の低下
② 消費者に遂行するサービスの低下
③ 新商品の減少
④ 信用ある有力なメーカー品の後退（ブランドの信用力の低下）
⑤ 価格に対する信頼感の低下
⑥ 比較購買の時間的ロスの増大
⑦ 資源・エネルギー問題などの拡大
⑧ 環境問題などの拡大

などを指摘することができるであろう。

このように「競争的ディスカウント戦略」は、消費者に将来もたらすであろう上記のようなデメリットを有していると同時に、取引先である卸売業者や製造業者、さらに業界全体、そして国の経済にも悪影響を及ぼす危険性を有しているのである。

3．小売業者の商的流通における課題

3－1．小売業者の役割とそのコンセプト

　小売業者は、消費財を消費者に販売する流通経路の中間媒介業者として、当然のことながら2つの役割を担っているはずである。その1つの役割は、販売対象者である消費者、いわゆる標的顧客の欲求に合致する適正な商品を、適正な価格で、適正な時期に、適正な場所で、適正な数量を供給することによって、より高いレベルで満足させることにある。そして、もう1つの役割は、仕入先（購買先）である卸売業者や製造業者との公正な取引をすることによって、それらの仕入先に適正な利益を確保させることにある。すな

わち、端的に言うならば、小売業者の役割の1つは、消費者の購買代理人としての役割であり、その他の1つは、仕入先である卸売業者や製造業者の販売代理人としての役割である。

そして、小売業者は、そのような2つの役割を果たすためには、商的（取引）流通、物的流通、情報流通、という3つの流通機能を合理的かつ効果的に遂行しなければならない[11]。

そこで、それらの3つの流通機能について簡単に説明するならば、次のように言うことができるであろう。

第1の商的流通とは、流通経路を通じての商品の所有権の移転を意味するものである。したがって、そのためには、各々の2つの取引先の一方が「販売活動」というマーケティング活動を遂行し、他の一方が「仕入（購買）活動」というマーケティング活動を遂行することによって、商品と代金が交換されることになる。そのことによって、商品の所有権が両者の間で移転することを意味するものである。

また、第2の物的流通とは、流通経路を通じての商品の物理的移動、つまり商品の場所の移転と時間の調節という2つを意味するものである。したがって、商品の場所の移転をするためには、各々の取引先のどちらか一方、もしくは双方が「輸送（配送）活動」というマーケティング活動を遂行することによって、商品が場所的に移転されることを意味している。なお、このマーケティング活動は、しばしば、取引先のどちらかのアウトソーシングの依頼によって、専門機関としての輸送業者がその活動を代行することがある。すなわち、この活動は、商品の生産の場所と商品の消費の場所のギャップを調整していると言える。

---

11) Samli（1992）は、流通に関して、効果的で効率的な流通とは、次の5つの要因を最適化することであると述べている。①流通は時間を極小化しなければならない。②交通手段は効率的で最適に利用されなければならない。③貯蔵設備は効率で最適に利用されなければならない。④在庫管理システムは効率的かつ効果的でなければならない。⑤流通は最適に配置されなければならない。

次に、商品の時間の調節をするためには、各々の取引先のどちらか一方、もしくは双方が「在庫（保管）活動」というマーケティング活動を遂行することによって、商品が時間的に調整されることを意味している。なお、このマーケティング活動は、しばしば、取引先のどちらかのアウトソーシングの依頼によって、専門機関としての倉庫業者がその活動を代行することがある。すなわち、この活動は、商品の生産の時期と商品の消費の時期のギャップを調整していると言える。

そして第3の情報流通とは、その1つは、「販売促進活動」というマーケティング活動を遂行することで、製造業者もしくは生産者から消費者に商品が迅速かつ低コストで流通していくことを目的としている。また、もう1つは、消費者の欲求と買物行動やライフ・スタイルなどといった側面から調査、分析することによって、流通経路を逆流通する「情報の収集と提供活動」というマーケティング活動を遂行することである。すなわち、その活動によって、消費者の欲求を充足させる商品を創造すると同時に、流通効率をよりいっそう高めることを目的としている。

情報流通とは、この2つの情報の流れを意味している。そして、このような上下の方向の情報の流れを、専門用語で「マーケティング・コミュニケーション」と呼んでいる。

なお、前者の「販売促進活動」は、製造業者もしくは生産者、および卸売業者、小売業者のそれぞれにとって、マーケティング効率を向上させるための重要な活動であると言える。したがって各企業は、その活動を効果的に遂行するために、しばしば専門機関としての広告会社の援助およびその活動の代行を依頼している。また、後者の「情報の収集と提供活動」は、主として消費者と直接に取引する小売業者が果たすべき重要な活動であると言える。しかも今日では、多くの小売業者がPOS（販売時点情報管理）システムを導入しているので、そのシステムを有効に活用することができれば、その活動を効果的に遂行できるであろうと思われる。

なお、小売業者から必要な情報を入手することが期待できないような製造業者もしくは生産者や卸売業者は、それぞれ独自で必要な情報を収集しなければならない。そこで、それらの企業は、しばしばその専門機関としての市場調査会社の援助およびその活動の代行を依頼している。

　また、小売業者を含めてそれぞれの企業は上記の３つの流通機能を合理的かつ効果的に遂行するためには、さらに金融機関などの種々の援助とその活動の代行を依頼しているのである。

　そこで、小売業者がそれらの流通機能を真に合理的かつ効果的に遂行するためには、その前提条件が考察されなければならない。それは、小売業者は確固とした「小売コンセプト」を持っているか、どうかである。そして、そのコンセプトのもとに、適正なマーケティング戦略を策定しているか、どうかである。つまり、そのプロセスを簡単に示すと図１のようになる。

　すなわち、図１で明らかなように、小売業者は、その３つの流通機能を２つの前提条件を明確化することなく遂行しても、大きな効果を期待しえない

図１　小売業者の流通機能の位置づけ

①小売コンセプト
　　↓
②小売マーケティング戦略
　┌─────────────────┐
　│　標的顧客の明確化　　　　　│
　│　　　↓　　　　　　　　　　│
　│　小売戦略要素の組み合わせ　│
　└─────────────────┘
　　↓
③小売業者の３つの流通機能
　　↓
④小売業者のマーケティング活動

のである。

　それでは、「小売コンセプト（Retailing Concept）」とは、どのようなことを意味しているのかについて検討をしてみることにする。

　小売コンセプトとは、一般的に製造業者のマーケティング・コンセプトが小売業者の立場から修正されたものであり、そしてその修正されたコンセプトは、あらゆる小売業者によって理解され、持たれるべきものである[12]、とBerman, B. and J. R. Evans は指摘して、3つの小売コンセプトを列挙している。

　それらは、第1に「顧客志向（Customer Orientation）」を、第2に「整合性のある努力（Coordinated Effort）」を、そして第3に「利益志向（Profit Orientation）」、の3つの小売コンセプトである。

　まず、第1の「顧客志向」とは、小売業者は顧客の特徴と欲求を明確に把握せねばならないということを意味するものであり、より詳細に言えば、それぞれの小売業者は、販売対象者を市場細分化の基準を活用して、標的顧客を明確化し、それらの顧客の欲求を情報をベースとして的確に把握することによって、それらの顧客の満足水準をより高くしよう、という考え方を意味している。

　また、第2の「整合性のある努力」とは、小売業者は流通機能の下位の活動、つまりマーケティング活動の効率を最大限発揮できるように小売マーケティング戦略とマーケティング活動を統合化せねばならないことを意味している。もう少し詳細に言えば、このコンセプトは、図1に示したプロセス通り、つまり①〜④の順番にしたがって、マーケティング活動を遂行すべきである、という考え方を意味している。

　そして、第3の「利益志向」とは、小売業者は適正な利益を確保しうるような売上高を達成できるように努力せねばならないということを意味するも

---

12) Berman, B. and J. R. Evans (1979), *Retail Magagement*, Macmillan, pp.21-22.

のであり、より詳細に言えば、すでに2－3で説明したように、小売業者は、仕入原価[13]と販売費および一般管理費をカバーし、かつ必要とする適正な利益を確保できるような価格を設定すべきである、という考え方を意味している。

このように、Berman, B. and J. R. Evans は、3つの小売コンセプトについてコメントをしているが、現実論としては、「米国の小売業者の多くは、不幸にも、このような小売コンセプトを理解していないし、また理解していても実践に活用していないのが現状である。つまり、多くの小売業者は、顧客の欲求に無関心であり、小売マーケティング戦略を策定することを煩わしく思い、かつ利益を犠牲にしても売上高を増大させようとしている[14]」と、指摘している。恐らく、米国の小売業界におけるこのような実態は、わが国の小売業界にも同様の事実として指摘しうるのではなかろうかと思われる。

3－2．企業間における商的流通の現状と課題

前項において、3つの流通機能について言及してきたが、言うまでもなく最も重要視されるのは取引の基本となる商的流通の機能である。そこで、わが国の消費財の流通分野における商的流通の現状について検討してみることにする。

一般的に消費財の分野において、商品が製造業者、卸売業者、そして小売業者、さらに消費者へと流通するプロセスにおいて、1950年代から1980年代前半までは、主として、製造業者が卸売業者や小売業者に対して大きなパワーを持ち、商的流通において優越的地位を確保していた、と言われている。

そして、当時のそのような状況下において、製造業者は流通業者、いわゆる卸売業者や小売業者の販売価格、取引商品、販売地域、取引先等に関与し

---

13) 小売業者が自家工場で、プライベート・ブランド商品を製造している場合には、製造原価をも考慮すべきである。
14) Berman and Evans, op.cit., p.22.

影響を及ぼしていた、と言われている[15]。そして、その具体的実態としては、再販売価格維持行為、非価格制限行為（流通業者の競争品の取扱い、販売地域、取引先、販売方法に関する制限）、リベートの供与、流通業者の経営に対する関与、などにより競争阻害的効果を生じさせていたと考えられる。

また、1980年代中頃以降においては、一般的に大規模小売業者によって、製造業者の優越的地位が逆転させられるような状況が生じ、90年代では、大規模小売業者が製造業者や卸売業者に対して、大きな購買力を背景とした優越的地位を利用して商的流通を行い、競争阻害的効果を生じさせていたのではないかと言われている[16]。そして、その具体的実態としては、小売業者による優越的地位の濫用行為として、押し付け販売、返品、従業員などの派遣の要請、協賛金の負担要請、多頻度・小口配送の要請、事後値引きの要請、などがあったと言われている。

つまり、このような競争阻害が商的流通における実態として行われていたということは、表現を換えれば、公正な商的流通が行われていなかったということを意味するものである。

そこで、公正取引委員会は競争政策の基本的に目指すべき方向を次のように指摘している[17]。「公正かつ自由な競争促進のため、(1) 市場への自由な参入、(2) 価格、品質、サービスを中心とした競争、(3) 他社から拘束のない事業者の自由な行動、(4) 市場の機能を妨げる過剰な規制の排除、を確保することにより、日本市場が真にその機能を発揮していくことが必要である」と。

つまり、現実に、わが国の企業間の商的流通が公正かつ自由な競争形態で行われていないところに、いろいろな問題点が発生していると考えられる。

そこで、もう一度「商的流通」の基本的な考え方、進め方を検討するに当っ

---

15) 公正取引委員会事務局編（1992）『独占禁止法の抑止力強化と透明性の確保』大蔵省印刷局、pp.108-113。
16) 同上書、pp.114-115。
17) 同上書、p.106。

て、原点に立ち返ってみる必要があると思われる。それは、つまり独占禁止法の目的（第1条）で表現されている「公正かつ自由な競争を促進し、事業者の創意を発揮させ、事業活動を盛んにし、雇用及び国民実質所得の水準を高め以って、一般消費者の利益を確保するとともに、国民経済の民主的で健全な発達を促進することを目的とする」を再確認する必要があるということである。

なお、この法律の根底に横たわる要求は、「商的流通」という視点から見て、「公正」という用語は、取引相手に対する透明性と平等性を強調していると思われるし、また「自由」という用語は、取引はどこまでも自由でなければならないが、しかしその取引は無秩序であってはならないことを強調していると思われる。

独占禁止法の目的をこのように解釈することができれば、その基本的な解決策として、流通経路から見てそれぞれのレベルに位置する各々の企業は、商的流通に関しては、まず自主的に取引ルールを決め、その独自の取引基準に基づいて取引条件を明確に一本化し、かつその取引条件を明文化することによって取引交渉を実施するという考え方のもとにその取引を行うべきであると考えられる。

3-3. 商的流通の解決の方法

本節の3-1で説明したように、小売業者の役割として、販売先、つまり消費者に対する購買代理人の役割と、仕入先（購買先）、つまり卸売業者や製造業者もしくは生産者に対する販売代理人の役割の2つを担っていることが明らかになった。

しかしながら、わが国の今日の小売業者は、確かに購買代理人の役割は遂行しているかもしれないが、果たして販売代理人の役割を遂行していると言いうるであろうか。前項の実態を想定すれば、必ずしもその役割を健全に遂行しているとは言えないであろう。

第3章　消費者QOLと小売業

そこで、わが国の小売業者が、真にそれらの2つの役割を果たしうるための「商的流通の基本的な考え方、進め方」を図2[18]として示すことができよう。

まず、図2の右側のフロー、つまり販売先として消費者がその対象となるが、その基本となる考え方は「相手のニーズに応える」ということである。そのことをより厳格に言うならば、それぞれの小売業者は標的顧客の欲求を高いレベルで満足させるという考え方である。そして、その理由は小売コンセプトのうちの1つとして説明したところの「消費者（顧客）志向のマーケティング理念」がマーケティングの原点であるからである。したがって、そのような考え方で小売業者がマーケティング戦略を策定し、その戦略をマーケティング活動の遂行によって実現できれば、標的顧客の満足を高いレベルで達成できるので、競合関係にある小売業者よりも経営を有利に展開できる

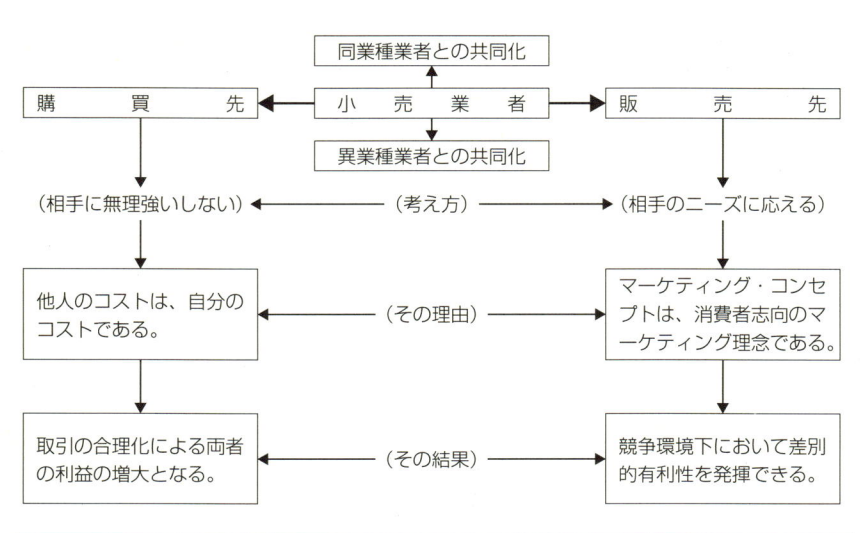

図2　商的流通の基本的な考え方、進め方

購買先	←	同業種業者との共同化 小売業者 異業種業者との共同化	→	販売先
（相手に無理強いしない）	←	（考え方）	→	（相手のニーズに応える）
他人のコストは、自分のコストである。	←	（その理由）	→	マーケティング・コンセプトは、消費者志向のマーケティング理念である。
取引の合理化による両者の利益の増大となる。	←	（その結果）	→	競争環境下において差別的有利性を発揮できる。

18) 図2の左側のフローは、徳永豊（1988）『戦略的商品管理』同文舘出版、pp.283-293の「定型化されたマーチャンダイジング」の項を参考にして作図したものである。

ということを意味している。なお、「差別的有利性」とは、標的顧客の多くが、あの小売業者はわれわれの欲求を十分に満足させてくれると考えて、その小売業者を買物の際に選択することを意味するものである。

次に、図2の左側のフロー、つまり仕入先（購買先）として卸売業者と製造業者もしくは生産者がその対象となるが、その基本となる考え方は「相手に無理強いしない」ということである。言い換えれば、取引相手の双方がお互いに適正な利益を確保できるように「話し合いによる商的流通」を行うという考え方であり、決して取引相手のどちらかが優越的地位にあっても、それを濫用するような商的流通を行わないという考え方である。そして、その理由は取引相手に無理な商的流通上の要求や物的流通上の要求をすれば、取引相手のコストはいろいろな側面から発生することによって、取引相手は適正な利益を確保できなくなるのであり、そのつけは日ならずして次の取引にはね返ってくることを意味している。いつまでもこのような商的流通を行っていると、いつしか信頼を失って取引相手が存在しなくなるという危険性も生じてくるのである、したがって、取引相手の双方が十分に話し合いをすることによって、それぞれが適正利益を得て商的流通を遂行することができれば、相互に信頼関係を良好なものに築くことができるので取引相手の双方の商的流通のコストは低減することになる。そのような状況下では、取引相手の双方はそれぞれ競争相手に対して、まさに「合理的ディスカウント戦略」を採用し、経営を有利に導くことができるし、また競争相手と価格を同じにして、品揃えを魅力的にしたり、サービスを充実化したり、さらには店舗・陳列を魅力的にすることによって競争力を強めることができるということを意味するものである。

なお、「話し合いによる商的流通」が実現しうる条件は、仕入先（購買先）の企業が確固たる取引ルールを有しており、かつ取引条件が明確に一本化され、それが明文化されていなければならないということである。

ところで図2の「小売業者」から上下に矢印が出ている「同業種業者との

共同化」と「異業種業者との共同化」については、次節で説明しようと思う。

4．小売業者のマーケティング戦略

4－1．リテイル・ストラテジー・ミックスの意義

　小売業者は、その研究目的の相違によっていろいろな観点から分類されうるが、本節では、小売業者の営業形態を分類することによって、それぞれの営業形態の特徴について検討を加えてみようと思う。そこで、製造業者のマーケティング戦略を考慮する場合には、その内容として、標的顧客の明確化とマーケティング・ミックス、いわゆる商品、価格、販売促進、そして流通経路、という4つの戦略要素の組み合わせについて研究されるが、小売業者のマーケティング戦略を考慮する場合には、その内容として、標的顧客の明確化とリテイル・ストラテジー・ミックス（小売戦略要素の組み合わせ）、いわゆる商品（品揃え）、価格、販売促進、サービス、そして立地、という5つの戦略要素の組み合わせについて研究されることになる。したがって、小売業者の営業形態を分類する基準は、リテイル・ストラテジー・ミックスという概念が採用されることになる。

　そこで、小売業者の営業形態をその主力取扱商品の特徴から大別するためには、その原点として、われわれ消費者の欲求は、二極分化しているという仮説のもとに理論化されている。それは、図3[19]のように示すことができる。

　図3について簡単に説明するならば、左側のフローは、消費者の「人並み意識」から生じる欲求であり、それを消費者欲求の同質性と呼んでいる。そして、右側のフローは、消費者の「個性化意識」から生じる欲求であり、それを消費者欲求の異質性と呼んでいる。すなわち、消費者は皆この異なる2つの欲求を持っており、それぞれ異なる意識に基づいて、それぞれ消費者の

---

[19]　清水晶（1973）『新・消費者志向のマーケティング』同文舘出版、p.235。

図3　消費者欲求の二極化

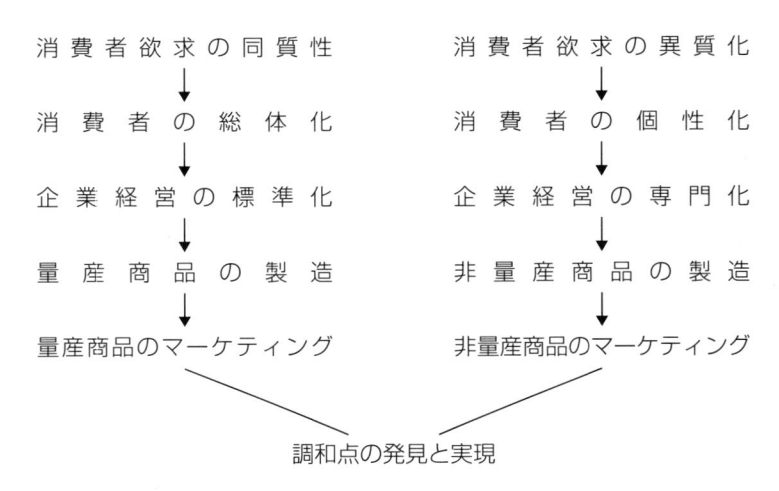

```
消費者欲求の同質性              消費者欲求の異質化
      ↓                              ↓
消費者の総体化                  消費者の個性化
      ↓                              ↓
企業経営の標準化                企業経営の専門化
      ↓                              ↓
量産商品の製造                  非量産商品の製造
      ↓                              ↓
量産商品のマーケティング        非量産商品のマーケティング
                  ↘          ↙
                調和点の発見と実現
```

買物動機と買物慣習が異なると言われている。たとえば、ある1人の消費者が、「量産商品」に対する欲求、つまり欲求の同質性に基づいて買物をする場合には、少しでも安く販売している小売業者から買いたいという理性的な買物動機が働く一方、「非量産商品」に対する欲求、つまり欲求の異質性に基づいて買物をする場合には、価格の安さよりもむしろ、商品の品質の魅力に引きつけられて、高級な専門店や百貨店で情緒的な買物動機が強く働いて、個性的な商品や有名なデザイナーズ・ブランド商品を買物する、ということを意味しているのである。

　そのように消費者欲求の二極分化の内容を理解できれば、それぞれの企業の観点から見れば、消費者欲求の同質性に焦点を置く製造業者は、大量生産・高回転生産・低コスト生産の方法によって量産商品、つまり、標準化・規格化商品を製造するだろうし、一方、消費者欲求の異質性に焦点を置く製造業者は、小量生産・低回転生産・適当コスト生産の方法によって非量産商品、つまり個性化商品を製造するだろうということを意味する。

そして、それを小売業者の立場から見れば、そのような量産商品を主力取扱商品とする小売業者と非量産商品を主力取扱商品とする小売業者に大別して、整理すると、表1のような小売業者の営業形態が列挙される。

表1において、2つに大別された小売業者の営業形態を、さらに個々の小売業者の営業形態の特徴として理解するには、図4[20]が検討されねばならない。

そこで、図4について説明することにしよう。まず、図4の最重要項目は③のリテイル・ストラテジー・ミックス（小売戦略要素の組み合わせ）にあることを強調しておきたいと思う。

しかしながら、そのリテイル・ストラテジー・ミックスによって、標的顧客の欲求をより高いレベルで満足させることができるようにするためには、すでに3－1で説明したように、3つの小売コンセプトの意義を理解し、確

表1　主力取扱商品の特性による小売業者の営業形態の分類

①非量産（ノン・マス・プロ）商品を主力取扱商品とする小売業	・専門店（スペシャルティ・ストア） ・百貨店（デパートメント・ストア）
②量産（マス・プロ）商品を主力取扱商品とする小売業	・スーパーマーケット ・ディスカウント・ストア ・SSDS（GMS） ・ボックス・ストア ・ウェアハウス・ストア ・コンビニエンス・ストア ・バラエティ・ストア ・ドラック・ストア ・オフプライス・ストア ・ファクトリー・アウトレット・ストア ・カタログ・ショールーム ・カテゴリー・キラー

20)　Berman and Evans, op.cit., pp.50-89を参考にして作図したものである。

固たる信念を持って小売コンセプトを前提にして、その経営方針を明確化することが必須条件となる。

4－2．小売戦略要素の特性

　まず最初に、すでに説明したところの「商的流通」と「リテイル・ストラテジー・ミックス（小売戦略要素の組み合わせ）」との関連性について言及するならば、図4の④小売業者の営業形態の明確化によって、その実体としての小売業者、たとえば、コンビニエンス・ストアや専門店などが、ある特定の場所に立地し、経営活動が遂行されているとすれば、その原点となる活動が「商的流通」である。すなわち、それぞれの営業形態として特徴ある経営活動を遂行するためには、商品（品揃え）を実現していなければならないからである。

　それでは、図4のフローチャートを念頭において、小売業者のマーケティング戦略の5つの要素、いわゆる小売戦略要素について、それぞれの要素の選択のための代替案を示してみると、次のようになる。

　まず、商品（品揃え）についてであるが、品揃えは、別の表現をすれば、商品ミックスとも呼ばれる。小売業者は、標的顧客に納得してもらい、かつ満足してもらえるような商品選択が可能な品揃えであるとともに、できるだけ多くの商品の組み合わせを買ってもらえるような品揃えを計画し、それを実現しなければならない。つまり、標的顧客にとっての魅力的な品揃えを実現することができるか、どうかが大きなポイントとなる。そのためには、小売業者の営業形態の原則をベースにして、ライン（幅、種類）とアイテム（奥行き、品目）との組み合わせによって、①広くて、深い品揃え、たとえば、スーパーマーケットや百貨店、②広くて、浅い品揃え、たとえば、GMS、ディスカウント・ストア、ドラッグ・ストアなど、③狭くて、深い品揃え、たとえば、専門店、④狭くて、浅い品揃え、たとえば、コンビニエンス・ストアや一般小売店など、の4つの基本的代替案の中から慎重に選択し、それを必

第3章 消費者QOLと小売業

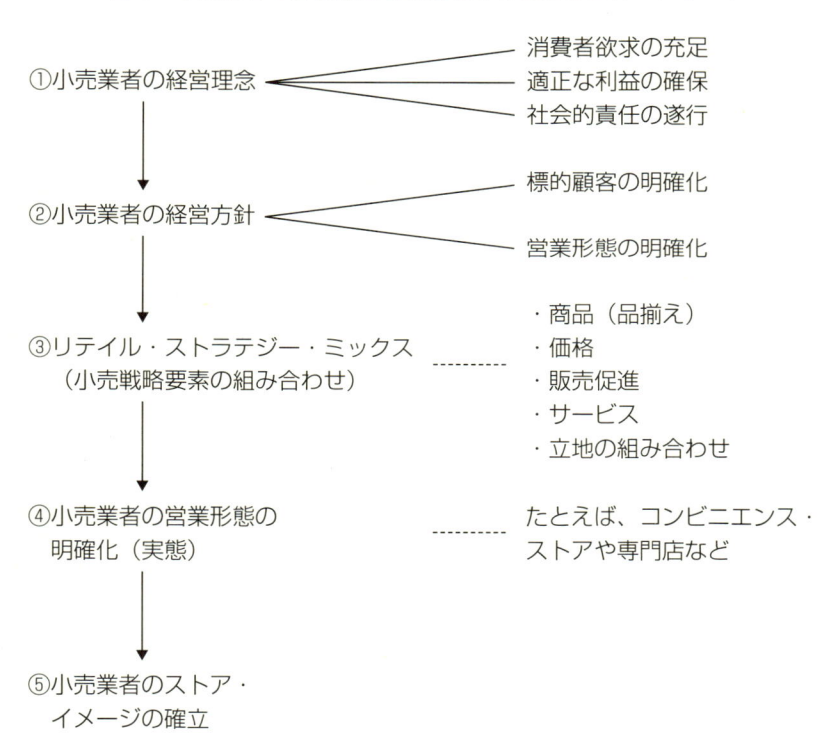

図4 小売業者の営業形態を明確化するためのフローチャート

①小売業者の経営理念 ― 消費者欲求の充足
　　　　　　　　　　　適正な利益の確保
　　　　　　　　　　　社会的責任の遂行
　↓
②小売業者の経営方針 ― 標的顧客の明確化
　　　　　　　　　　　営業形態の明確化
　↓
③リテイル・ストラテジー・ミックス ……… ・商品（品揃え）
　（小売戦略要素の組み合わせ）　　　　　　・価格
　　　　　　　　　　　　　　　　　　　　・販売促進
　　　　　　　　　　　　　　　　　　　　・サービス
　　　　　　　　　　　　　　　　　　　　・立地の組み合わせ
　↓
④小売業者の営業形態の ……… たとえば、コンビニエンス・
　明確化（実態）　　　　　　　ストアや専門店など
　↓
⑤小売業者のストア・
　イメージの確立

要に応じて、たとえば立地環境の変化などに対応して修正していけばよいであろう。

　なお、上記のような4つの品揃え代替案を導き出すヒントは、ラインは、広いか、狭いかであり、アイテムは、深いか、浅いかであり、それらを組み合わせれば、4つのタイプに分類されうる。

　次に、価格についてであるが、小売業者が自店の取扱商品に価格を設定する場合の考慮すべき要素として、仕入原価、顧客の需要量と買物動機、競争状態などが一般的に指摘されている。そして、それらの考慮要素をベースに

73

して、それらの商品の価格は、取扱商品の品質レベルとの関係において設定されるべきであると言われている。そこで、参考までに品質と価格の関係を図5で示すと、次のようになる。

つまり、価格決定に当たって、小売業者はその選択の代替案として、図5の外側の3つの品質、幅（高級、中級、大衆）のうちの1つの品質幅を中心にして取扱商品の品質レベルを決定し、さらにそれらの幅の中の3つの品質線（高級、中級、大衆）のうちの1つの線を中心に品質線を決定する。そして、その品質線を中核として3つの品質線の商品を上手に組み合わせた品揃えを計画し、実現することによって、それらに対応する価格幅と価格線との関係において基本的には価格を設定すべきである。

なお、小売業者の価格戦略の特徴として、心理的価格戦略、つまり名声価格戦略、端数価格戦略、そして慣習価格戦略などを指摘することができる。小売業者がそれらの価格戦略を採用しようとするならば、標的顧客の買物動機も充分に調査すべきであると思われる。

第3に、販売促進についてであるが、小売業者が販売促進を展開する際に

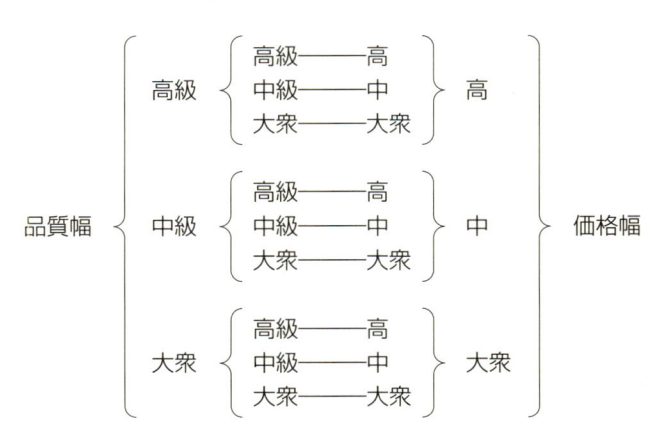

図5　品質と価格の関係

```
            ┌ 高級 ┌ 高級──高 ┐      ┐
            │      │ 中級──中 ├ 高   │
            │      └ 大衆──大衆 ┘      │
            │                            │
            │      ┌ 高級──高 ┐      │
品質幅 ┤ 中級 │ 中級──中 ├ 中   ├ 価格幅
            │      └ 大衆──大衆 ┘      │
            │                            │
            │      ┌ 高級──高 ┐      │
            │ 大衆 │ 中級──中 ├ 大衆 │
            └      └ 大衆──大衆 ┘      ┘
```

は、標的顧客自身（場合によっては、その家族とか知人）の満足を得るために買物をする人々に対して、最高の訴求力を発揮しうるプロモーション・ミックス、すなわち販売促進の諸要素を効果的に組み合わせなければならない。

なお、小売業者のプロモーション・ミックスには、広告、宣伝、人的販売をはじめ、需要の刺激と喚起を目的とするそのすべての諸要素、たとえば、店舗・陳列、ノベルティ、実演販売、見本の配布などが、その構成要素として包含されることになる。

そして第4に、サービスについてであるが、まずここで言うところのサービスとは、消費者が買物をする際の便益とか付加価値のことを意味し、それは、次の2つに大別することができる。

その1つは、機能的サービスあるいは行為的サービスと呼ばれているもので、具体的には、包装、袋詰め、配送、支払いの代行、信用販売、修理・補修などのアフター・サービスなどが考えられる。そして、当然のことながら、これらのサービスの多くを提供すればするほど、多くのサービス・コストがその小売業者にとって発生することになる。したがって、基本的にはこのようなサービスは有償提供すべきであると考えてよいであろう。

そして、もう1つのサービスは態度的サービスあるいは精神的サービスと呼ばれているもので、いわゆる販売員の接客態度を意味するものである。この態度的サービスの消費者に与える影響は、機能的サービスに比べて大きいものである。それは、機能的サービスのレベルに関しては、比較的に消費者側も価格の高低を基準として客観的な判断をすることができるのに対して、この態度的サービスについては、極めて主観的かつ感情的な印象を抱く傾向にあるからである。

たとえば、消費者は、「安いから包装してもらえない」ということには納得できるが、「安いから態度が悪い」ということには感情的に割り切ることができないのである。つまり、いかに低価格であっても、販売員の悪態を容

救する理由にはならない。そのような意味から考えれば、価格戦略の高低にかかわらず、態度的サービスを代替するサービスは存在しないのである。したがって、その態度的サービスの充実化をするために販売員教育が不可欠となるのである。

　そして、最後に立地についてであるが、小売業者の立地条件は、一般的に、商業立地、つまり都市というような大きな単位で検討されるべき条件と、店舗立地、つまりある特定の小売業者商圏内の条件として検討されるべきものとに分けられている。いずれにしても小売業者の立地条件は統制不可能要因と考えられ、特に、中小の小売業者にとっては、立地条件は与件として捉えなければならない要素と考えるべきかもしれない。

　そこで、図2の異業種業者との共同化とは、商店街、共同百貨店、そしてショッピング・センターという商業集積力のある買物の場所、言い換えれば、顧客吸引力の大きなそのような集中的結合の営業形態の加盟店となることを意味している。また、同業種業者との共同化とは、経営の合理化を目的とし

表2　集中的結合による営業形態の経営原則

寄合百貨店（共同百貨店）	a．集中的大型経営の原則 b．異業種集合の原則 c．総合化の原則 d．出店業者の企業的独立性の原則 e．統一的管理の原則 f．共同的意識の原則
ショッピング・センター	a．計画的建設の原則 b．地域社会との結合の原則 c．システム化された大型経営の原則 d．総合性の原則 e．共同的意識の原則 f．統一的管理の原則 g．マグネット・ストア（核店舗）配置の原則 h．モール構成の原則

第3章 消費者QOLと小売業

表3 分散的結合による営業形態の経営原則

コーポレート・チェーン	a．分散的大型経営の原則 b．量販営業の原則 c．低コスト・低販売の原則 d．共通性の原則 e．統一的管理の原則 f．合理的意識の原則
ボランタリー・チェーン	a．分散的大型経営の原則 b．連係的営業の原則 c．加盟店の企業的独立性の原則 d．低コスト・低売価の原則

て、ボランタリー・チェーンやフランチャイズ・システムという分散的結合の営業形態に加盟することを意味している。
　なお、参考までに、それらの営業形態の経営原則を表2と表3に示しておく。

5．むすびにかえて

　本章では、わが国の小売業者の価格破壊現象の実態とそこから派生してきた問題点に検討を加えた。そして、価格破壊現象が発生した原因は、小売業者がマーケティング戦略を策定し、それを実行する段階の前のプロセスとして、小売コンセプトの欠如にあったのではないかということを指摘した。したがって、その小売コンセプトの不明確性が、マーケティング戦略を確固たるものとして策定することができなかったのではなかったか、という疑問を提示した。そして、大規模小売業者は商的流通を遂行する際にいくつかの問題点を露呈していることを指摘した。そこで、小売業者は、本来、ストア・コンセプトをベースにして、5つの戦略要素の組み合わせ、つまり①商品（品揃え）、②価格、③販売促進、④サービス、⑤立地、という要素を上手に組み合わせることによって、小売業者は標的顧客のこれこれの欲求を満足させ

ますという標的顧客にアピールするものを明確化していなければならないが、それが欠如しているように思われるのである。言い換えれば、「あなたは、この店で顧客に何を伝えたいのか」という問いに答えられていないと言えよう。

　今後、わが国の小売業者に期待したいのは、マーケティング・コンセプトとマーケティング倫理の意義を考えて、消費者に喜びのある買物環境を形成してほしいということである。このような考え方をSirgy（2001）は、次のように説明している。「消費者ウェルビーングの領域におけるQOLリサーチから、すべての小売機関に対する消費者の満足の総計が消費者ウェルビーングを決定するということが明らかにされてきている。もし、そうであれば、次に、すべてのタイプの小売機関にかかわっているマーケティング担当者は、消費者ウェルビーングに対して最大の影響を有しているビジネスや組織の『最前線』に自分たちがいるということを理解すべきである。B to Bマーケティングは、消費者ウェルビーングに対して間接的にしか影響を与えていない。小売機関は、消費者満足を最大化し、不満足を最小化するようなプログラムや政策を開発しなければならない。間接的な流通チャネルを通じて、（消費者と接点を持っている小売業者を通して）最終使用者とのかかわりを持つ製造業組織は、最終使用者のウェルビーングに対して十分な貢献をなすために、小売流通業者に対してできる限り多くの支援を提供しなければならない（Sirgy 2001, 訳書, p.321）」と。現代の小売業者は、消費者のウェルビーングを増進させるマーケティング戦略を立案し、実施し、評価し、修正するというプロセスに不断に取り組むことが求められていると言えよう。

〈引用・参考文献〉

Anderson, R. (1992), "The Elderly Mall Maven : In Pursuit of Quality of Life", in *Developments in Quality-of-Life Studies in Marketing*, Vol.4, pp.12-15.

Andrews, F. M. and S. B. Withey (1976), *Social Indicators of Well-Being: Amer-*

ica's Perception of Quality of Life, New York: Plenum.
Berman, B. and J. R. Evans (1979), *Retail Management*, Macmillan.
Day, R. L. (1987), "Relationships between Life Satisfaction and Consumer Satisfaction", in *Marketing and the Quality-of-Life Interface*, A. C. Samli, ed., Quorum Books, pp.289-311.
Hamburger, P. L. and S. Paulo (1974), *Social Indicators – A Marketing Perspective*, American Marketing Association.
Leelakulthanit, O., R. Day and R. Walters (1991), "Investigating the Relationship between Marketing and Overall Satisfaction with Life in a Developing Country", *Journal of Macromarketing*, Vol.11, No.1, pp.3-23.
Meadow, H. L. (1983), "The Relationship between Consumer Satisfaction and Life Satisfaction for the Elderly", unpublished dissertation, Virginia Polytechnic Institute and State University, Blacksburg, Virginia, USA.
Samli (1992), "The Changing Role of Distribution with the Marketing System: A Normative Model", in *Development in Quality-of-Life Studies in Marketing*, Vol.4, pp.78-83.
Sirgy, M. J. and D. Lee (1995), "The Evolution of the Quality-of-Life (QOL) Concept in Marketing Thought", in *Developments in Quality-of-Life Studies in Marketing*, Vol.5, pp.19-24.
Sirgy, M. J. (2001), *Handbook of Quality-of-life Research*, Kluwer Academic Publishers.（高橋昭夫、藤井秀登、福田康典訳『QOLリサーチ・ハンドブック―マーケティングとクオリティ・オブ・ライフ―』同友館、2005年）
公正取引委員会事務局編（1992）『独占禁止法の抑止力強化と透明性の確保』大蔵省印刷局。
清水晶（1973）『動的時代のマーケティング』誠文堂新光社。
清水晶（1973）『新・消費者志向のマーケティング』同文舘出版。
澤内隆志（2000）「日本の小売業者の現状とその将来への若干の考察」『明大商学論叢』第82巻、第1号、pp.109-129。
通商産業大臣官房調査統計部（1998）「平成9年商業統計速報」。
徳永豊（1988）『戦略的商品管理』同文舘出版。
日経流通新聞編『流通経済の手引』1995年版。
日経流通新聞編『流通経済の手引』1997年版。
『日経流通新聞』1995年1月24日号。

第4章

QOL と交通政策

藤井 秀登

要旨：従来の交通政策は、社会状態の評価を行うに際して、人々の主観的な効用や選好を基礎とする一元的な指標、すなわち効用主義ないし厚生主義的帰結主義に基本的に依拠していた。これは、形式論理に従う演繹的思考法ないし工学的思考法をわれわれに提供し、政策上の指針が明確になりやすいという利点を持つ。だが、合理的経済人として人間像が固定化されているため、必ずしも合理的な行動をするとは限らない現実の人間像との乖離が生じてしまう。したがって、交通政策の評価基準として、こうした認識には一定の限界がある。

これに対して、本稿で検討した QOL の概念は、多様性や広範性のゆえに現実の生きた人間像にいっそう近い視点を有している。よって従来の交通政策に QOL を採り入れることで、その限界は乗り越えられる。しかしながら、確かに QOL はこうした可能性を持つ一方、われわれの価値観を反映する主観的な概念のためにその一意的な理論が存在していない。ここで QOL の評価指標を俯瞰してみると、個人を対象とする外的指標と内的指標があげられる。前者には自然環境の質と経済社会環境の質が、後者には個人的環境の質が反映されている。このため、いかなる視角から QOL を認識するのかという測定側の問題意識によって、同一の個人を対象にしてもさまざまな QOL の測定領域が生じてしまう。

そこで本稿は、A. K. Sen の非厚生主義的帰結主義に基づきながら、各

人の生活過程におけるケイパビリティ（潜在能力）に注目することにした。この結果、効用ないし経済的効率性という一元的な因子に加えて、多元的な因子が明らかになってきた。ケイパビリティの考え方を交通政策の領域に適用すると、交通手段の適切な配分とこの享受能力に関連する因子が導出されるからである。つまり、主に外的指標を反映する持続可能性、そして主として内的指標にかかわるモビリティ（移動の実行可能性）とアクセシビリティ（アクセスの容易性）の3つがQOLの視点に立脚した交通政策の因子となって現れてくる。少なくともこうした因子を考慮した交通政策が、従来の効用主義ないし厚生主義的帰結主義に依拠する交通政策と相互に補完し合うことで、現実に生活する人間にいっそう近い視点からの交通政策が可能となっていく。

キーワード：厚生主義的帰結主義、非厚生主義的帰結主義、ケイパビリティ（潜在能力）、持続可能性、モビリティ（移動の実行可能性）、アクセシビリティ（アクセスの容易性）

1．はじめに

日常生活を過ごすに際して必要な交通を、Quality of Life ないし生活の質（以下、QOL）という視点から考察し、これを交通政策の指針として活用していく可能性を検討することが本稿の目的である。QOLとは物質的豊かさが一通り社会に行き渡ると同時に豊かさの中の貧困が人々に認識されてきた、いわゆる社会の成熟化と表裏一体の関係から誕生しており、その生活に関する質を個別に評価する概念である。一方、交通政策とは各人の価値観に基づく物理的な場所的移動、すなわち交通が各人の自由に行えるように公的主体により実行される公共政策の一環である。

第4章　QOLと交通政策

　以下この両者の関係を把握するために、まず成熟化社会の象徴とも言える自動車への過度な依存状況の帰結を経済発展と地球温暖化という視点から分析していく。そして、そこで明らかにされる課題を受けてQOLとの関連を検討する。すなわち、QOLの構造を分析し、そこにマクロ環境領域、ミクロ環境領域および両者を介在する中間領域という3つの次元を認識する。なお、マクロ環境領域には自然環境や経済社会環境が該当し、ミクロ環境領域には生活者としての個人が対象となる。ところで、QOLは各人の価値観を反映する主観的な概念であるため、その測定、評価は一意的とは限らない。そこで本稿は、A. K. Senのケイパビリティ概念、すなわち非厚生主義的帰結主義を拠り所にしながらマクロ環境領域と各人の価値観とを媒介する自然的価値と社会的価値に焦点を絞り、QOLの測定因子を導出する。さらに、それらと交通政策との関係を考察していく。そして、従来の厚生主義的帰結主義ないし効用主義に依拠する交通政策と、QOLを考慮したそれとが補完されることでいっそうわれわれの日常生活に有意義な交通政策の評価基準が提示されることを明らかにしていきたい。

2．自動車依存社会の帰結

2−1．経済的効率性の追求

　交通とQOLとの関係を考察するに際して、自動車の役割を看過することはできない。20世紀は自動車の成長によって支配されてきたからである。そして、特に経済的に豊かな先進国では自動車が都市の土地利用形態を形づくってもいる。そもそも都市は徒歩で移動できるのに適した半径5〜8kmであったが、19世紀に発達した公共交通機関、特に鉄道により都市の半径が20〜30kmに拡大し、その後自動車の登場で都市は半径50kmを越えるまでに拡大されたとされる。すなわち、自動車による戸口から戸口へという目的地への直接的な移動様式と人々の移動特性が合致していることから、日常生

活の中で専ら自動車に依存したライフスタイルが都市において展開され、都市の規模が拡大した結果である。同時に、このことは自動車の使用を前提にした都市形態の誕生を意味している[1]。

　こうした自動車依存型都市が形成された背景には、第2次世界大戦後にそのピークを迎えた自動車の大量生産方式があり、同時にこれが第4の経済発展の周期に貢献したという関係による（表1－Ⅳ）。この生産形態はデトロイトの自動車工場で最初の工業生産ラインを立ち上げたヘンリー・フォードに因んで、しばしばフォーディズムと呼ばれる。これが自動車の価格を押し下げ、また経済成長による個人所得の上昇と相まって自動車の大衆化を促進した。これを生産過程や人々の価値観に関連させていくと、画一的な形式の自動車を大量に生産することで供給者側は規模の経済性を追求する一方、需要者側は自動車のデザインの斬新性よりも価格の低廉性を求めていたと言える。生産過程において熟練した労働力が不要となったことも価格の低下に寄与した。さらに、需要者側にも個別の交通需要を満たしてくれる交通手段との認識が車体の美的センスの評価より上位に位置し、このため広範な安定した自動車の販売市場が形成された。つまり、経済的効率性が両者の基本的な価値観としてそこに存在していたと考えられる。

　そして、われわれが現在直面している第5の経済発展の周期は、マイクロチップや情報技術の効率的な利用と関係している（表1－Ⅴ）。すなわち、自動車の画一的な生産、消費から、情報を最大限に活用した、その個別的かつ効率的な生産、消費へと生産形態が移行しているのである。そこでは、フォーディズムを支えていた大量生産・大量消費という画一的な価値観から、情報化社会を背景とする現世代の多様化した価値観と整合性を持つ、財の少量多品種生産への転換が見られる。こうした情報技術の活用は、自動車の生産、販売における効率化ないしカーナビゲーションの利用による交通

---

1) Newman, P. and J. Kenworthy (1999), *Sustainability and Cities*, Washington: Island Press, pp.27-33.

表1　交通手段の進歩と経済発展の周期

経済発展の周期	主な都市間交通手段	主な市内交通手段
Ⅰ：1770年代～1840年代	船舶や馬車	徒歩
Ⅱ：1830年代～1890年代	蒸気機関車	馬車鉄道と乗合馬車
Ⅲ：1880年代～1940年代	蒸気機関車と電車	路面電車とバス
Ⅳ：1930年代～1990年代	電車、自動車と航空機	自動車とバス
Ⅴ：1990年代～現在	電車、自動車と航空機	自動車、バスと自転車

（出所）Low,N. and B.Gleeson, eds. (2003), *Making Urban Transport Sustainable*, Hampshire: Palgrave Macmillan, p.29を参考に、筆者が作成。

サービスの生産、消費の効率化を生むゆえに、経済への波及効果をもたらしていく。

以上のように経済発展の周期は、自動車を典型とする交通手段の進歩によってだけでなく、その時代の新しい技術にも起因していると考えられる。さらに、周期ごとの交通手段の変遷はわれわれの価値観を表現しているとも言える。新しい交通手段の取捨選択が、その時代の代表的価値観あるいはその優先順位を示す側面を持つからである[2]。

そこで、後者の側面を地域社会において見ていきたい。かつてわが国では、路面電車やバスといった大量輸送に適した交通手段が地域住民の場所的移動を充足していた（表1 - Ⅲ）。そもそも自動者が普及しておらず、限定された地域内ではあるが、どちらかと言えば場所的移動の自由と平等という価値観が重視されていた時代だと考えられる。だが、第２次世界大戦後のモータリゼーションによる自動車台数の増加が道路の量的拡大を必要とし、その結果、地域社会における場所的移動機会の不均等を促進した。なぜなら、主に

---

[2] Newman, P. (2003), "Global Cities, Transport, Energy and the Future: Will Ecosocialization Reverse the Historic Trends?", in *Making Urban Transport Sustainable*, N. Low, and B. Gleeson, eds., Hampshire: Palgrave Macmillan, pp.27-29.

赤字経営を理由に路面電車やバスが廃止されたからであり、また一部の地域住民が自動車を所有、利用できなかったからである。こうした自動車の持つ経済的効率性、ないし、それによる各人の場所的移動の充足度を高める政策は、価値観から見ると、地域社会における場所的移動の自由と平等の偏在と言えるであろう。

つまり、個別交通需要を満たしてくれる自動車が、その利便性と表裏一体にそれを享受できない一部の人々の存在を招いたのである。すでに高齢社会に入っているわが国では、少なくとも自分で自動車を運転して場所的移動を行う自動車依存型都市からの離脱が必要であろう。なぜなら、自動車を運転できない人は当然に、たとえ現在、自動車を運転している人でも、時の経過に伴って運転に必要な身体的、精神的な限界に達する可能性を容易に想定できるからである。したがって、こうした人々の個別交通需要を確保するための補完手段として、たとえば一部の地域で登場してきているコミュニティ・バスや介護タクシーを、地域社会ないし国家において制度化していくことが今後はますます重要になってくる。いずれにしても、自動車がわれわれの日常生活というミクロ環境領域から、経済社会環境というマクロ環境領域にまで及ぼしている影響の大きさを決して看過できない。

2-2. 持続可能性への取り組み

さらに、近年では地球温暖化といった自然環境にマイナスの影響を与える原因の1つに自動車がなっている。なぜなら、現行の自動車の動力である内燃機関で化石燃料が燃焼すると、地球温暖化ガスとも呼ばれる二酸化炭素が発生するからである。世界の自動車台数が1950年に約7千万台であったものが、2000年には7億台を超えるに至っている。この他、化石燃料を使用している航空機や船舶も自動車と同様に地球環境へ影響を及ぼしているが、その使用量から言えば自動車がまずは環境問題との接点として注目される。特に、われわれの日常生活において自動車を不可欠とするような都市構造が形

成されていること、したがって本当に自動車を必要としない場合でもわれわれは自動車の利用を選択しがちになるほど過度な自動車依存社会になっていることから見て留意すべき事項となる。環境にやさしい動力が普及するまでの過渡期にある現状を踏まえて、自動車の利用方法を再考する必要がある。

ところで、こうした自動車依存をもたらした原因はどこにあるのであろうか。この回答として、以下に記すような交通政策が原因としてあげられている[3]。

・政府は常に道路、トンネル、高架式交差路や橋の建設に対して資金を提供するという想定に基づいて、できるだけ大勢の人々が自動車を使用することを奨励する政策。
・公債、補助金、道路建設、税制やその他あらゆる財政支出を通じて、できるだけの政府補助金や奨励金を自動車関連費に回す政策。
・健康増進、必要経費の削減、都市の美観確保といった徒歩やサイクリングがもたらす大きなメリットを無視する政策。
・子供の健康を損なう危険性があるにもかかわらず、あらゆる移動に自動車を使用させる政策。
・自動車の1人乗りを問題としない政策。
・自動車の頻繁な利用による道路渋滞を当然視する政策。この結果、自動車がバスの運行を妨げ、また歩行者や自転車の利用者に支障をきたしている。
・自動車の過度な使用に伴う、大気の質や騒音レベルの悪化、および交通事故の増加を重視しない政策。
・自動車の走行に適するようにできるだけ多くの土地を道路に転換する政策。

---

3) Whitelegg, J. and G. Haq, eds. (2003), *World Transport Policy & Practice*, London: Earthscan Publications, pp.3-4.

・自動車を他の移動手段の中で最優先した、立派な道路や駐車場建設という公的支出政策。
・日常的な歩行者の道路横断を考慮しない、自動車優先の通行政策。

　各国においてこれと似通った政策が採られた結果、自動車の台数が増え続けてこれによる地球環境への負荷が生命体としての人間の生存環境を破壊してしまうほど深刻化している。たとえばEUでは、1998年度において交通部門からの二酸化炭素排出量の84％を自動車からのそれが占めていた[4]。同様に日本では、1998年においてそれは88％であった[5]。

　地球温暖化ガス排出量の増加速度から見ると、交通部門は他の部門と比較して最も早い時期にその対処法を考えなければならないにもかかわらず、政策としてその削減に取り組むことが遅れている領域となっている。なぜなら、代替動力の実用化の遅れから、エネルギーとしての化石燃料の多量使用が技術的に不可避なこと、および過度に自動車へ依存したライフスタイルが社会に定着していることが問題の根底にあるからである。したがって、環境にやさしい動力の開発、その普及ないし実用化、また短期的、長期的な交通行動の変更を人々に促すような政策が重要になってくる。一刻も早く適切な取り組みを行う必要がある。特に、交通部門の二酸化炭素排出量の平均伸び率が他部門ほどには低下していないからである（表２）。

　確かに出発地から目的地へ必要とする時に直接移動できる自動車は、個別の交通需要を充足するという性質から見ても交通本来の目的に合致している。したがって、自動車の利用を促進する従来の交通政策は、この限りでは正当であると判断できる。だが、これは自動車の持っているプラスの側面だけを取り出して判断した場合にだけ有効である。自動車は同様にマイナスの側面をその使用から生じさせる。後者の改善に向けて積極的な政策が行われ

---

 4) Whitelegg, J. (2003), "Transport in the European Union:Time to Decide", in *op.cit.*, N. Low, and B. Gleeson, eds., p.118.
 5) 運輸省（1999）『運輸白書』大蔵省印刷局、p.52。

表2　化石燃料からの二酸化炭素排出量（単位：100万トン）

部　門	二酸化炭素排出量（%）1995年度	年平均伸び率（%） 1971−1990年	年平均伸び率（%） 1990−1995年
工　業	2370（43%）	1.7	0.4
建　物			
・住宅	1172（21%）	1.8	1.0
・商業	584（10%）	2.2	1.0
交　通	1227（22%）	2.6	2.4
農　業	223（4%）	3.8	0.8
全部門	5577（100%）	2.0	1.0

(出所) IPCC (2000), *Methodological and Technological Issues in Technology Transfer*, Cambridge: Cambridge University Press, p.179.

てこなかったために、近年、特に地球環境への負荷が指摘されるに至ったのである。

　もちろん現在、環境にやさしい動力の開発が自動車メーカーを中心に進められており、近い将来にそれは実用化され、標準的な技術となっていくに相違なく、そのマイナスの側面は将来的には解消されるであろう。しかしながら、地球環境の保全ないし持続可能性という視点から自動車を見ると、現状では望ましい交通手段ではない。既存技術下における自動車の利用は一考を要する。だが、その不使用が逆に人々の場所的移動における利便性を低下させてしまう結果を導くことも看過できない。なぜなら、前述のように生活空間が自動車の利用と整合性を持った都市構造に変化しているからである。このように自動車は、われわれの日常生活ないし生活空間というミクロ環境領域や経済社会環境というマクロ環境に加え、自然環境というマクロ環境領域にも同時に多大な影響を及ぼしていく。

3．QOL の構造と評価

3−1．QOL の重層的構造

わが国において QOL という概念は、1955年以降の高度経済成長により生じた帰結、すなわちモータリゼーションの進展に伴う公共交通機関の廃止や自然環境の破壊といった経済的成長のマイナスの側面を踏まえた文脈の中で使用されてきた。それは物質的豊かさあるいは生活の量的水準に人々がある程度満足した段階から、新たにその質を追求し始める転換点でもあった[6]。

さて、QOL は日常生活において、これを使用する人々により異なる内容を持つ主観的な概念である。つまり、QOL の客観的な把握には困難を伴う。一方、QOL に対する人々の関心が高まり、社会的にもその重要性が認識されつつある今日においては、その中核となる概念を確定する必要がある。さらに、本稿における以下の展開に関してもその必要がある。そこで、さしあたり英国バーミンガム大学公共政策学部の都市地域研究センター（Centre for Urban and Regional Studies）がまとめた「QOL 研究の手引き」[7]にしたがい、QOL 概念の定義を見ていきたい。

同手引きによると、多くの QOL 研究は、マクロ的・環境的領域、中間的領域、および健康的・経済的領域の間の関係を描いた概念地図（a conceptual map）と呼ばれる枠組みを使っているとされる。たとえば、以下に掲げる領域がある。

・病気と同様に健康も視野に含めた福祉

---

6) QOL を評価しようとする試みには、たとえば1974年の国民生活審議会「社会指標：より良い暮らしへのものさし」がある。後に1985年の「国民生活指標」、さらに1992年の「新国民生活指標」において各人のライフスタイルに着目した指標が作成された。なお、それは「安心・安全」「公平性・やさしさ」「自由・選択幅」、および「快適性」という指標に基づいていた。

7) Riseborough, M., eds., *A Guide to Doing Quality of Life Studies*, curs, pp.4-5 (http://www.curs.bham.ac.uk/pdfs/QUALITY%20OF%20LIOFE.pdf)．2004.9.3取得.

- 日常生活を送るうえでの人間の機能ないし物理的能力
- 一定のライフスタイルや日常生活を営むためのケイパビリティ（潜在能力）や選択
- 経済的、社会的費用
- 生活水準と所得
- 貧困と不平等
- 市民権と社会的疎外
- 生活水準や選択への満足
- 自然環境とその質
- 住宅と周辺地区
- 社会的領域の分析
- 都市と地方の比較
- 公害
- ライフスタイルや認識の多様性

　このように QOL は、さまざまな測定領域を持っている。このことは、QOL を測定する際にわずかに相違する視角から測定が行われていることを意味する。たとえば、福祉という概念がしばしば QOL の代替概念として使用されることもある。国連はこの意味で QOL を使用している。なお、今日の福祉や QOL 概念の基礎となっている4つの異なる基準が1970年代にはまとめられていた。それらは、1954年の国連による生活水準の構成要素、1973年のアメリカ合衆国の福祉基準、1974年に出された J. Drewnowski の生活指標レベル、そして1976年の OECD による社会関係の領域に関する基準であった[8]。さらに、QOL の代替概念として持続可能性が使用されることもある。特に発展途上国内で援助に代わる現代的アプローチとして、持続可能な発展が使用される傾向にある。英国政府も同様に、QOL に等しい概念とし

---

8) Herbert, D. and D. Smith (1979), *Social Problems and the City: Geographical Perspectives*, New York: Oxford University Press, p.21.

て国内政策で持続可能性という言葉を使っている[9]。

　以上から分かるとおり、QOLの使用法に若干の相違がある一方で、本質的なQOLの定義には一般的な同意がある。それらは、外的指標と内的指標であり、前者はわれわれの身辺で生じること、後者はわれわれの頭脳ないし心の中で生じることを指す。これを受けて、大部分の研究では人々が何をQOLの因子として認識、了解するのかを抽出した後、すでに実施済みの統計や他の調査といった客観的資料からそれらと同じ因子に基づいて証拠を集めることが行われている。

　外的指標は複数の概念から構成される。一番の基底にあるものは自然環境の質である。その内側に物的環境の質、自分以外の人的環境の質、および情報環境の質という経済社会を構成する経済社会環境の質がある。自然環境の質と経済社会環境の質を総称して、マクロ環境領域ないし外部環境領域と呼ぶ。一方、内的指標には一個人としての主観的判断ないし価値観が相当し、そこには個人的環境の質、つまり、ある人の健康状態、社会的状況、および経済的状況といった属性が該当する。いわば、ミクロ環境領域ないし内部環境領域と呼べる分野である。ここには生活者としての個人史が深く関係してくる。すなわち、いかなる生い立ちで現在にまで至ったのかという各人の誕生から現在までの生活過程がそこに強く影響する。こうした過程がその人独自の価値観ないし物の見方・考え方を生み出す原点となるからである。当然に、各人はその時代ごとの自然・社会・文化と接点を有しながら成長してくることから、ミクロ環境領域は同時にマクロ環境領域と相互に関係を持つことになる。そして、この両者を媒介する領域を中間領域と呼ぶ[10]。

　QOLを測定する場合、通常は各個人を単位として測定している。これはミクロ環境領域と呼ばれる狭い範囲を対象とする。なお、ミクロ環境領域に

---

9)　たとえば、「QOLは持続可能な発展と同義として政府によって使われる言葉である。なぜなら、それはその方が一般に理解されやすいからである」とされる（DETER (2000), *Local Quality of Life Counts*, p.5)。

10)　三重野卓（2000）『「生活の質」と共生』白桃書房、pp.80-83。

は各人のライフスタイル、特に価値観が反映されており、さらには中間領域を媒介とするマクロ環境領域との接点もあり、それは時間的、空間的な広がりを持つ。これが QOL に関する評価を複雑にする理由である。すなわち、QOL の評価に際しては各人の価値観を中心に形成された多様な価値概念の構造が評価対象とされるために、いかなる視角から認識するのかという測定側の問題意識によってさまざまな測定領域が生じることになる。それゆえ、上述したように QOL が福祉や持続可能性と代替した概念として使用される要因となる。特に経済や社会が多元化した現代においては、各人を取り囲むマクロ環境領域はいっそう複雑化していく。このためミクロ環境領域もさらなる複雑化の様相を呈し、QOL の測定領域は多様化する。

3－2．効用、ケイパビリティと QOL

したがって、このようなミクロ環境領域における QOL の評価基準を明確にすることが重要になってくる。そこで以下においては、一般的な交通政策が依拠する新古典派経済学の効用概念に基づく福祉の評価を踏まえた、A. K. Sen[11]のケイパビリティ概念に依拠する福祉の評価を参考にしながら QOL の評価基準を検討していく。

まず、新古典派経済学では社会の厚生ないし個人の福祉を評価するに際して、効用概念に基づいて説明されている。すなわち、社会的順序づけを規定する社会的厚生関数をその社会における人々の効用だけの関数と考えて、あるいは個人の福祉をその効用の総和で、評価していく。このために効用主義と呼ばれる。なお、効用主義の認識は人間像を固定したものと捉えられており、現実の生きた、日々気持ちの変化する歴史的存在としての具体的人間像とは考えていない。もちろん、これは価値から自由という前提の下で効率を

---

[11] Amartya Kumar Sen（1933年～現在）は、ケンブリッジ大学で経済学を学んだ後、オックスフォード大学、ハーバード大学などの教授やケンブリッジ大学トリニティカレッジの学寮長を歴任している。1998年にノーベル経済学賞を受賞した。

追求する経済人が据えられていることの結果であるが、しかし、この前提自体がそもそも価値判断を伴っているという問題点も孕んでいた。そこで、この効用主義の論点について確認するため、A. K. Sen の議論[12]の要点を整理している朝日譲治氏にしたがいながら、帰結主義と受容性の視点から追っていく[13]。

　効用主義は、社会的厚生や個人の福祉を測定する際に、厚生ないし効用だけに着目し、他の情報を捨象する。すなわち、個人の選択という意思決定の背後にある動機や事情を何ら考えないで、行動の結果として現れる効用水準だけに議論を限定しているとされる。そして、この限定は受容性の看過へと関連していくと論じられる。たとえば、ある状態の下で個人 A と個人 B が偶然にも同様な水準の効用を示したと仮定する。帰結状態と効用だけに焦点を絞る効用主義ないし厚生主義的帰結主義にしたがえば、この状態は平等であると判断される。だが、たとえば、個人 A は恵まれた環境下で成長し、多種多様な財を消費してもさほど大きな効用を得ないとする。一方、個人 B は逆境下で成長し、少量の財でも大きな幸福を得るとする。こうした場合には、同様な効用水準であるとしても個人 A と個人 B が平等であると判断するのは個人の受容性に照らして不自然なものとされる。個人の福祉が評価の対象となっているからには、各個人の置かれた状況にまで踏み込んで各人の受容性の相違を明確にする過程を経てから評価を行うべきだからである。

　このように厚生ないし効用に基づく個人の福祉の評価には限界があると論じられる。一方、非効用主義に依拠して立論するとしても、その根拠を明らかにする必要がある。そこで A. K. Sen が論じる帰結に関する非厚生情報も同様に考慮して政策の是非を評価する立場、すなわち非厚生主義的帰結主義から個人の福祉を見ると以下の通りになる[14]。すなわち、「ひとの福祉につ

---

12) Sen, A. K. (1979), "Personal Utilities and Public Judgements: Or What's Wrong with Welfare Economics?", *Economic Journal*, Vol.89, pp.537-558.
13) 朝日譲治（1993）『生活水準と社会資本整備（普及版）』多賀出版、pp.95-109。

いて判断する際には、彼/彼女が所有する財の特性に分析を限定するわけにはいかない」として、「ひとの『機能』(functionings)にまで考察を及ぼさねばならない」とする。その具体例として「自転車は、それをたまたま所有するひとが健康体の持主であれ障害者であれ、ひとしく『輸送性』という特性をもつ財として処理され」るとする。だが、「ひとの福祉について理解するためには、われわれは明らかにひとの『機能』にまで、すなわち彼/彼女の所有する財とその特性を用いてひとはなにをなしうるかにまで考察を及ぼさねばならない」と指摘する。そして「機能とはひとが成就しうること－彼/彼女が行いうること、なりうること－」だとしている。

つまり機能とは、任意の個人に固有の行為によって発生するベクトルのことなのである。したがって、同じ人が異なる行為をすれば、異なる機能ベクトルが発生することになる。こうした個人が選択しうる財の機能ベクトルの集合をA. K. Senはケイパビリティ（capabilities）と呼んでいる（ケイパビリティとは潜在能力のことである）。そしてケイパビリティは、「彼/彼女が達成しうる機能のさまざまな組み合わせ」、すなわち生き方や在り方によって決定され、各人ごとの異なるライフスタイルの「自由度」を表現しているとされる。つまり、各人の意思で自由に選択可能な財の機能ベクトルの集合ないし機能空間というケイパビリティに依拠して、福祉が評価されることになる。

ここでは財の機能ベクトルの集合ないし機能空間が持つケイパビリティ（潜在能力）と、それを自由に使用する、個人の多様な主観的評価ないし開発された様々な能力との結びつきが福祉の質を決定することになる。A. K. Senはケイパビリティと個人の多様な主観的評価の両者を基礎に福祉を検討

---

14) Sen, A. K. (1985), *Commodities and Capabilities*, Elsevier Science Publishiers, pp.6-9（鈴村興太郎訳『福祉の経済学』岩波書店、1988年、pp.21-22）, Nussbaum, M. and A. K. Sen, eds. (1993), The Quality of Life, Oxford: Clarendon Press, pp.33-34, pp.38-40、および鈴村興太郎・後藤玲子（2002）『アマルティア・セン：経済学と倫理学』実教出版、pp.183-211。

しているといえる。ただし、ケイパビリティは既存の社会という次元での議論であるため、社会というマクロ環境領域にも依存する関係にある。つまり、マクロ環境領域の影響との関係を踏まえたうえで個人の機能の選択の自由度というミクロ環境領域を対象に、実際に達成可能であるような諸機能の集合というケイパビリティが考察されているのである。こうした意味において、ケイパビリティと各人の主観的評価とを関連づける非厚生主義的帰結主義に依拠した福祉の評価は個人の生き方や在り方を評価する点でミクロ環境領域におけるQOLの評価と一致する側面を持つと考えられる。

　すなわちQOLの評価は、各人の価値観に基づく個人的な生活過程をミクロ環境領域、中間領域、およびマクロ環境領域という複数の視角から把握するものであった。これに対し、非厚生主義的帰結主義に依拠した福祉の評価は、マクロ環境領域を反映したミクロ環境領域である個人的な生活過程におけるケイパビリティという視角にその特徴を持つ。それゆえ、ミクロ環境領域におけるQOLの評価はケイパビリティと個人の多様な主観的評価とを基礎にして成り立っている側面を持つと言える。なお、ミクロ環境領域におけるQOLの評価を向上するためには、財の特性を各人が十分に知ること、およびそれを活用できる能力、すなわち享受能力を各人が高めること、が必要である。

4．持続可能性、モビリティ、アクセシビリティと交通政策

4−1．モビリティ、アクセシビリティの確保とQOL

　さて、ミクロ環境領域におけるQOLの評価を行う際に一定の有効性を持つと考えられる方法として、ケイパビリティと個人の多様な主観的評価とを位置づけたわれわれの考えにしたがうと、基本的なケイパビリティの平等化が不可欠となってくる[15]。そこで交通政策においては、交通手段（通路、運搬具、動力、エネルギー）の適切な配分が、ミクロ環境領域におけるQOL

第4章　QOLと交通政策

の評価を決定する前提として必要となる。もちろん、こうして配置された交通手段を各人が活用できることも同時に不可欠であった。そこで、これらに関連するQOLの測定因子を交通政策の視点から検討すると、モビリティとアクセシビリティの2つが指摘できよう。

　モビリティとは、各人が場所的移動を遂行できることであり、極めて個別性が高い特徴を持っている。それゆえ、モビリティはたとえ同じ人であったとしても、年齢の経過とともにその内容が変化してくる。なお、通常モビリティはある一定時間に何回のトリップを各人が行ったかにより測定される。最も原始的形態としてのモビリティには徒歩があげられるが、現代社会のモビリティに際しては自動車がその達成に大きな役割を果たしている。すなわち、この場合のモビリティとは、自動車や道路という交通手段と、それを運転する能力との組合せに依拠して決定される。したがって、どちらか一方が欠落すると、そのモビリティが発揮されないことになる。

　一方、アクセシビリティとは、各人があるサービスを受けるために要するモビリティの容易さである。すなわち、サービスを享受したい人とサービスを提供する人や施設との空間的距離の克服における容易性である。一般的に、あるサービスに対するアクセシビリティは、そのサービスにアクセスしたい人がそのサービスの供給地点まで移動することで改善される。たとえば、自宅から会社まで自動車や鉄道を使ってアクセスを確保することである。あるいは、あるサービスに対するアクセシビリティはそのサービスにアクセスしたい人の場所へそれを持ってくることでも改善される。たとえば、建物の中に設置されている固定式図書館よりも、自動車に図書を積み込んだ移動式図書館の方がアクセシビリティを有すると言える。なお、通常アクセシビリティは各人がある目的の実現までに要する時間で測定される。

　以上に見るように、モビリティはアクセシビリティの基礎となっており、

---

15)　前掲『「生活の質」と共生』pp.71-73。

前者の方が後者よりも広範な概念である。たとえば、交通計画と土地利用計画との間に十分な配慮がなされていない田園地域に住む人々にとっては、モビリティと同時にアクセシビリティの欠如が問題となる。そこでは自動車を所有できない、あるいは所有可能であってもそれを利用あるいは運転できない、さらには公共交通機関が運行していない、運行していてもそれを利用できないといったモビリティに問題がある人々にとって、たとえモビリティ問題が解決されたとしてもさらにアクセシビリティが新たな問題となって生じてくるからである。すなわち、そこでは多くの施設が遠方に位置するためにアクセスに問題があり、かつそこへのアクセスに際してサービスの希求者が自力でモビリティを行わなければならないにも関わらず、その前提にあるモビリティの達成に必要な交通手段が存在しない、あるいは交通手段が存在してもその使用価値を享受できないという二重の問題に直面していることを意味する。したがって、こうした田園地域に関する限りは、ミクロ環境領域におけるQOLの向上に向けてモビリティとアクセシビリティの改善へ向けた積極的な政策的取り組みが必要である[16]。

　また、一般的にアクセシビリティが優れていると考えられている都市地域に居住する人々でさえもモビリティに何らかの支障が生じれば、この時点でアクセシビリティが達成できない可能性もある。これは結果としてミクロ環境領域におけるQOLの低下をもたらすかもしれない。このようにモビリティとアクセシビリティのどちらが欠如しても、田園地域ないし都市地域に暮らす人々のミクロ環境領域におけるQOLは低下する可能性を有している。さらに、自動車や公共交通機関といった交通手段の不適切な配分、あるいはそれらが適切に配分されているとしても、その使用価値を享受する能力の欠如が、社会的疎外[17]という新たなミクロ環境領域におけるQOLの低下をもたらしかねない。なお、社会的疎外という用語の定義は論者により幅がある

---

16) Cullinane, S. and G. Stokes (1998), *Rural Transport Policy*, Oxford: Pergamon, pp.59-62.

が、ここでは交通と社会的疎外という視点から検討してみたい。

それには7つの観点があるとされる[18]。①肉体的な疎外：身体的な移動能力またはコミュニケーションに問題があるためにモビリティに支障をきたすこと、②地理的な疎外：交通手段の普及が不十分なためにアクセシビリティに支障をきたすこと、③施設からの疎外：特に自動車の利用機会が持てない人々にとって、自宅から最寄りの施設までの距離が遠いためにモビリティとアクセシビリティに困難をきたすこと、④経済的疎外：移動費用が高額になってしまうことから雇用先へのモビリティを制限され、この結果として所得を制約されること、⑤時間的制約による疎外：介護のような他の事柄へ時間を割く必要があるためにモビリティを制約されること、⑥恐怖心による疎外：特に女性、子供や高齢者のように、心配や恐怖のために公共空間や公共交通機関を使ったモビリティに支障をきたすこと、⑦空間的疎外：安全や空間管理戦略のために人々を公共交通機関の利用から排除すること、である。

このような社会的疎外がもたらす影響を減少させるためには、主にマクロ環境領域に関与する交通手段の適切な配分とその享受能力の育成が大きいと言える。つまり、地域社会の次元で社会的疎外の解決に向けた交通政策に取り組むことが重要になってくる。なぜなら、地域社会は共通の利害関係を持つ人々の地域的な集合体であるゆえに、共有する目的ないし規範といった価値を創造しており、またそれを明確に表現し、遵守するという側面を持つからである。価値の共有化が地域社会内における社会的疎外の解決に向けた小規模グループの成長を促進し、その規模の拡大に貢献する役割を果たしているからである。なお、こうした価値は後述する社会的価値とも言える。したがって、地域社会において交通手段の適切な配分およびそれらの享受能力の

---

17) 社会的疎外という用語は1974年に造語され、1989年に欧州委員会によって使用され始めた。

18) Hine, J. (2003), "Social Inclusion and Transport", in *Integrated Futures and Transport Choices-UK Transport Policy beyond the 1998 White Paper and Transport Acts*, J. Hine and J. Preston, eds., Aldershot: Ashgate, p.43.

育成に必要なマクロ環境領域を制度として整えていくことが、ミクロ環境領域における社会的疎外を解決する第一歩となる。これには、ボランティアやNPOのような組織、あるいは地方自治体が関与してくるかもしれない。いずれにしても、社会的疎外の解決には組織の形態にかかわりなく地域社会内でのマクロ環境領域の制度化が大切になる。これを通じてモビリティとアクセシビリティが改善され、各人のQOLが向上していくと考えられる[19]。

4－2．QOL、価値と交通政策

ミクロ環境領域におけるQOLは、人間の価値観を対象としてその質の量的測定を行い、客観的な指標を導き出すことを目的としている。ここで人間の価値観の形成に影響する要因には、各人が過去にいかなる生活経験をしてきたのか、いかなるライフスタイルを過ごしてきたのかといった生活史が関与していた。人間はその時代ごとの自然・社会・文化に関係を持ちながら成長する過程を経ているからである。すなわち、人間はある目的を観念的に持つことで具体的な行動を起こすのだが、そうした目的の観念化の根底にあるものこそ価値であり、これが各人の行動を規定する関係にあった。しかし、その価値は観念的に生じたわけではなく、逆に各人と自然や社会との具体的な接触過程において形成、制約されてくるものである。つまり、価値がマクロ環境領域の影響を受けているのである。したがって、各人によって価値の基準ないし価値観が相違するのは過去における自然・社会・文化との関係の持ち方の違いによる。もちろん、類似する自然環境や社会環境に生活する人々の価値基準は大枠では一定値に収束していく。

さて、こうした各人の価値観とマクロ環境領域との関係は、自然環境のような自然的価値、経済や法律の諸制度のような社会的価値、道徳や芸術のような精神的価値のような中間領域に媒介される[20]。特にQOLと交通政策と

---

19) Hills, J. *et al.*, eds. (2002), *Understanding Social Exclusion*, New York: Oxford University Press, pp.202-205.

の関係を対象とする本稿では、自然的価値と社会的価値との関係が重要になってくる。

　まず、自然的価値を見ていきたい。そもそも人間は地球という自然環境の下で誕生した経緯を持つ一方で、自然環境を自らの労働で変革することを通じ自身の生命維持を図ると同時に社会を形成してきた。だが、現在ではその変革の度合いが自然の復元に要する容量を超えてきている。したがって、自然環境の復元能力以上の破壊を中止すること、また生物の生存に必要な一定水準以上の自然環境を保っていくことが人間にとって大切になってくる。すなわち、自然的価値とは人間の生存にとっての有用性、あるいは人間の行為に対する目的や規範として社会構成員の多数に共有される自然環境にかかわる価値と言える。

　ここでわれわれの視角から検討すべき点は、内燃機関を交通手段の動力として使用していることにあり、ゆえに自動車、航空機、および船舶のような現代の主な交通手段が対象となっていく。日常生活や企業の物流活動を通じてこれらが世界的にも大量に利用され、それらから発生する二酸化炭素の量的増加がさらなる地球温暖化を引き起こしているからである。その他、やはり燃焼時に発生する窒素酸化物や浮遊粒子物質、さらに交通手段の移動時に発生する騒音や振動のような人間の体に負の影響を与える事項にも関心が高まっていることを看過できない。なお、こうした自然的価値を媒介とするQOLの測定因子は、地球温暖化に限定して考えるならば、各人の居住地域ないし国家における二酸化炭素の排出削減度を示す持続可能性と考えられる。したがって、持続可能性は交通手段の適切な配分とその享受能力とも関係性を持つ要因となっていく。

　次に社会的価値を考えていきたい。これは人間の生活にとっての有用性、人間の行為に対する目的や規範として社会構成員の多数に共有される経済社

20）牧野広義（1998）『現代唯物論の探求―理論と実践と価値』文理閣、p.201。

会制度にかかわる価値のことである。さて、多くの社会的価値の中で、自由、平等、友愛は現在、民主主義国家の憲法に反映されており、現代社会を考える際に外せない概念となっている[21]。各概念を簡単にまとめると以下のようになる。

　まず、自由は他人に対する尊敬の念を喚起するものである。自由は経済的機会に参加することから得られる利益、競争への参加、および各人の能力開発を含む有効な競争に不可欠な権利、すなわち経済制度に参加する権利を守る。公共政策に関して自由は政府主導よりも民間主導、また法律による規制よりも市場メカニズムを好む。つまり、国家は経済を支配するのではなく、経済に対して副次的な位置づけとなる。

　一方、平等は時に必要なものとしてだけでなく、常に有益なものとして政府の介入を歓迎する。社会の産出物を社会の構成員で分配する権利を決定する際に、他者との関係の中で悪行を抑制し、正義や秩序を維持する点で平等が法律や法廷を支えている。そこでは公共サービスは社会の構成員全員に利用可能であると主張される。そして社会的弱者を救済するために実施される一連の政府介入を承認する。だが、これはある意味で自由の制限を意味する。それにもかかわらず平等は自由な経済的利得の機会を拡大する点で有効である。つまり、社会的価値としての自由と平等は相互に関係し合いながら、また各々の有効性に関心を抱きながら調和される必要がある。

　最後の友愛では、協力こそがビジネスや経済活動の核心であると強調される。これはボランティアやNPOの行動原理を支えるものである。そして何らかの方法で私欲を抑えることをしなければ、友愛は不可避的に生じる衝突を遺憾とし、衝突を解決するためだけでなく衝突を避けるために社会の産出物を寛大に分配しようとする性質を持つ。さらに寛大さが自由を刺激し、同

---

21) 社会的価値に関する内容は、Danner, P. L. (2002), *The Economic Person: Acting and Analyzing*, Lanham: Rowman & Littlefield Publishers, pp.136-137, pp.145-146に依拠する。

第4章　QOLと交通政策

時に経済に対する政府介入をなくすと教える。友愛はすべての経済活動への関与者をその役割にかかわらず全人として理解しているからである。

　なお、こうした社会的価値を媒介とするQOLの測定因子は、非厚生主義的帰結主義に依拠するわれわれの視角からすると交通手段の適切な配分およびその享受能力を前提とする、各人のモビリティとアクセシビリティ、すなわち移動の実行可能性とアクセスの容易性と考えられる。

　言うまでもないことだが、自然的価値と社会的価値との関係を見ると、社会的価値は自然的価値と切断できない構造となっている。つまり、ミクロ環境領域におけるQOLの視点からは両者が重層的に認識され、各人の価値観に反映してくる。したがって、交通政策においてミクロ環境領域におけるQOLの向上を目標とすれば、自然的価値と社会的価値とを同時に、的確に把握することが政策上の課題となってくる。

　ところで、交通政策の基本目標は、自らの価値基準に基づいて自由に場所的移動を達成できるようにそのシステムを整えることにあった。そこで交通政策の基本目標に関係するQOLの因子を整理すると以下のようになる。第1に、時間的、空間的距離の克服が対象となるので、一般に迅速性や低廉性のような経済的効率性という因子が挙げられる。第2に、快適性といった各人の恣意性が高い因子、および安全性といった交通サービスの生産、消費の根幹に関係する因子がケイパビリティから派生することを指摘しておく。こうした基本的な因子に加えて、第3に、居住地域ないし国家における地球温暖化の抑制に向けた、二酸化炭素の排出削減度を指標とする持続可能性という因子も看過できない。持続可能性は交通手段の適切な配分およびその享受能力と関係性を持つと同時に、モビリティとアクセシビリティという因子にも影響を及ぼしていくからである[22]。このように、経済的効率性、快適性や

---

22)　こうした視点からQOLを捉えている研究に、土井健司他「平成14年度　生活の質への影響を考慮した高速道路整備の評価に関する検討（抜粋）」(http://www.mlit.go.jp/road/ir/iinkai/6pdf/s6-622.pdf) がある。

安全性に加え、特に持続可能性、モビリティ（移動の実行可能性）とアクセシビリティ（アクセスの容易性）といった因子が、交通政策におけるQOLの向上のために必要となってくる。

5．むすびにかえて

　QOLは、各人の価値観を対象としたミクロ環境領域における質を量的に測定することで認識できる概念であった。したがって、測定に必要な因子の確定が不可欠となる。そのために、自然的価値と社会的価値が考察の対象として据えられていった。各人の価値観がこうした価値を介してマクロ環境領域と接点をもちながら、影響を受けるからである。

　ところで、一般的な交通政策は、その基礎に新古典派経済学ないし効用主義を据え経済政策の一環として交通部門に対する政策を考えてきている[23]。具体的には、厚生主義的帰結主義に依拠する厚生経済学ないし効用主義を基礎に交通政策が行われ、社会の厚生ないし個人の福祉がその総和として評価されている。これは、形式論理にしたがう演繹的思考法をわれわれに提供し、政策上の指針が明確になりやすいという利点を持つ。確かにこうした利点をわれわれは認める一方で、この交通政策が現実の政策判断に際しての評価基準として必ずしも十分であるとは言えないであろう。なぜなら、ここでは合理的経済人として人間像が固定化されているからである。

　すなわち、厚生経済学ないし効用主義の特徴を要約すると、すべての価値を金銭的尺度に直して扱い、現象的に客観性があり、価値から自由とされる。また、政策環境の認識は静態的であり、技術進歩などの影響を十分に組み込むことが困難となっている。さらに価値観が各経済主体にとって所与かつ不

---

[23]　たとえば、藤井弥太郎・中条潮編『現代交通政策』東京大学出版会、1992年、およびCole, S. (1998), *Applied Transport Economics: Policy, Management and Decision Making, 2nd ed.*, London: Kogan Page を参照されたい。

第4章　QOLと交通政策

変であるとされる。そして、個人の福祉は評価されないで、その総和で社会の福祉が評価される。こうした厚生経済学ないし効用主義においては、個人の効用、満足、欲求、選好といった心理的要素に属する概念が基礎とされる。特に効用概念は消費者理論を支えるだけでなく、市場均衡を支配する基礎ともなっていた。さらに、人間は経済的効率性という1つの尺度で各人の効用を追求する経済人とされていた。

　こうした従来の厚生経済学ないし効用主義に依拠する交通政策に対して、QOLの視点はその概念の多様性ないし広範性のゆえに現実にいっそう近似する交通政策上の視点をわれわれに提示してくれる。ただし、われわれの価値観を反映する主観的な概念のゆえにQOLにはその一意的な理論が存在しなかった。そこで本稿は、自然的価値と社会的価値に焦点を絞り、A. K. Senのケイパビリティ概念、すなわち非厚生主義的帰結主義に基づきながらQOLの測定に必要な因子を交通政策との関係から検討した。交通政策における理論と現実との乖離が若干でも縮小されると考えたからである。その結果、自動車依存社会に暮らすわれわれにとってQOLの視点が、交通政策に対する新たな評価基準、すなわち持続可能性、モビリティ（移動の実行可能性）、およびアクセシビリティ（アクセスの容易性）といった因子を提供してくれることとなった。少なくともこうした因子を考慮した交通政策が、従来の効用主義に依拠する交通政策と補完されることで、いっそう現実に生活する人間に近い視点からの政策が可能となっていく。なお、本稿ではQOL研究に際して必要な課題[24]、すなわち① QOLを構成する次元、およびこの次元を代表する因子の識別、②選ばれた次元がQOLを規定する重要さの程度を表す重みの決定、における前者の部分的考察に終わっている。残された点は今後の課題としていきたい。

---

24) Findlay, A. *et al.* (1988), "In What Sense 'Indicators' of Quality of Life", *Built Environment*, Vol.14, No.2, pp.96-106.

〈引用・参考文献〉

Cole, S. (1998), *Applied Transport Economics: Policy, Management and Decision Making, 2nd ed.*, London: Kogan Page.

Cullinane, S. and G. Stokes (1998), *Rural Transport Policy*, Oxford: Pergamon.

Danner, P. L. (2002), *The Economic Person: Acting and Analyzing*, Lanham: Rowman & Littlefield Publishers.

DETER (2000), *Local Quality of Life Counts*, London: DETR.

Findlay, A. *et al.* (1998), "In What 'Indicators' of Quality of Life", *Built Environment*, Vol.14, No.2.

Herbert, D. and D. Smith (1979), *Social Problems and the City: Geographical Perspectives*, New York: Oxford University Press.

Hills, J. *et.al.*, eds. (2002), *Understanding Social Exclusion*, New York: Oxford University Press.

Hine, J. and J. Preston, eds. (2003), *Integrated Futures and Transport Choices: UK Transport Policy beyond the 1998 White Paper and Transport Acts*, Aldershot: Ashgate.

Hine, J. (2003), "Social Inclusion and Transport", in *Integrated Futures and Transport Choices: UK Transport Policy beyond the 1998 White Paper and Transport Acts*, J. Hine, and J. Preston, eds., Aldershot: Ashgate.

IPCC (2000), *Methodological and Technological Issues in Technology Transfer*, Cambridge: Cambridge University Press.

Low, N. and B. Gleeson, eds. (2003), *Making Urban Transport Sustainable*, Hampshire: Palgrave Macmillan.

Nassbaum, M. C. and A. K. Sen, eds. (1993), *The Quality of Life*, Oxford: Clarendon Press.

Newman, P. and J. Kenworthy (1999), *Sustainability and Cities*, Washington: Island Press.

Newman, P. (2003), "Global Cities, Transport, Energy and the Future: Will Ecosocialization Reverse the Historic Trends?", in *Making Urban Transport Sustainable*, N. Low and B. Gleeson, eds., Hampshire: Palgrave Macmillan.

Riseborough, M, ed., *A Guide to Doing Quality of Life Studies*, curs, (http://www.curs.bham.ac.uk/pdfs/QUALITY%20OF%20LIOFE.pdf).

Sen, A. K. (1979), "Personal Utilities and Public Judgements: Or What's Wrong with Welfare Economics?", *Economic Journal*, Vol.89.

Sen, A. K. (1985), *Commodities and Capabilities*, Elservier Science Publishers.（鈴村興太郎訳『福祉の経済学』岩波書店、1988年）

Whitelegg, J. (2003), "Transport in the European Union: Time to Decide", in *Making Urban Transport Sustainable*, N. Low, and B. Gleeson, eds., Hampshire: Palgrave Macmillan.

Whitelegg, J. and G. Haq, eds. (2003), World Transport Policy & Practice, London: Earthscan Publications.

朝日譲治（1993）『生活水準と社会資本整備（普及版）』多賀出版。

運輸省（1999）『運輸白書』大蔵省印刷局。

鈴村興太郎・後藤玲子（2002）『アマルティア・セン―経済学と倫理学―』実教出版。

土井健司他「平成14年度 生活の質への影響を考慮した高速道路整備の評価に関する検討（抜粋）」(http://www.mlit.go.jp/road/ir/iinkai/6pdf/s6-622.pdf)

中西洋（1994）『〈自由・平等〉と《友愛》―"市民社会"；その超越の試みと挫折―』ミネルヴァ書房。

藤井弥太郎・中条潮編（1992）『現代交通政策』東京大学出版会。

牧野広義（1998）『現代唯物論の探求―理論と実践と価値―』文理閣。

三重野卓（2000）『「生活の質」と共生』白桃書房。

第5章

生活満足への定量的接近

高橋 昭夫

要旨：本章では QOL を生活満足と捉えて定量的に接近をした。具体的には、フルタイムの労働者が自らの生活を評価するという観点から生活満足と職務満足の関係を明らかにした。第1の調査目的は、職務満足と生活満足の関係として、流出、補償、および分離の3つのライバル仮説のいずれが当てはまるかを検証することである。分析結果は、全体として、r＝.175（N＝485; p＜.001）であり、流出仮説が当てはまることが明らかとなった。第2の調査目的は、職務満足と個別的職務満足の関係の解明であった。個別的職務満足について探索的因子分析（主因子法、バリマックス回転）を行い、5つの因子を抽出した。因子得点によるステップワイズ法による重回帰分析の結果、調整済み R2乗＝.437（p＜.001）のモデルが採択された。第3の調査目的は、生活満足と個別的生活満足の関係の解明であった。個別的生活満足について探索的因子分析（主因子法、バリマックス回転）を行い、7つの因子を抽出した。因子得点によるステップワイズ法による重回帰分析の結果、調整済み R2乗＝.376（p＜.001）のモデルが採択された。第4の調査目的は、職務満足および生活満足の構造の解明であった。共分散構造分析を行い、職務生活構造モデルが構築された。そのモデルの適合度については、次のとおりである。カイ2乗＝106.707、自由度＝58、確率水準＝.000、GFI＝.968、AGFI＝.950、CFI＝.980、RMSEA＝.041。

> キーワード：流出仮説、補償仮説、分離仮説、職務満足、職務生活構造モデル

1. はじめに

　第1章で考察を加えたように、QOL は魅力的ではあるが多義性を持った概念である。そこで、本章では、QOL を生活満足と規定した上で、以下のような観点から分析を行うこととする。すなわち、①集計レベルは個人とし、②客観的ではなく主観的な側面に、③定性的ではなく定量的に、④パートタイムではなくフルタイムの労働者を対象とする。まず、QOL を生活満足として捉え、生活満足としての QOL の概念的枠組みを概観する。次に、労働者にとって、生活の中心を占める仕事生活を取り上げ、生活満足と職務満足の関係について検証する。その関係については、流出仮説、代償仮説、分離仮説という3つのライバル仮説が提唱されてきている。さらに、職務満足と個別的職務満足の関係ならびに生活満足と個別的生活満足の関係の解明を行う。最後に、職務満足および生活満足の構造モデルを提示したい。

2. 生活満足としての QOL

　本章では、QOL を生活満足として捉え、生活満足について考察を加えることとする。そこで、「生活満足とは、その個人の現在の生活状況について、満足／不満足の観点から表現された個人の尺度と比較した、その個人による評価である（Day 1987, p.299）」という生活満足の定義を採用する。この定義について、Day (1987) は「マーケティングで最も広く使用されている満足は、期待一致／不一致パラダイムである。その基本的考え方は、次のとおりである。個々の消費者は、(1) 購買決定をし、(2) その製品の成果に対し

て事前に特定の期待を形成し、(3) その製品を消費し、(4) 期待と実際の成果を比較して一致か不一致かを心に留めて、(5) 成果が期待を上回る、成果が期待と一致する（中立の領域）、あるいは成果が期待を下回るによって、満足、中立、あるいは不満足の感情で反応する (p.292)」と説明している。ここで留意すべきことは、生活満足という概念を定義する際には、「誰の生活か」および「誰がその生活を評価するのか」を明らかにする必要がある（Day 1987）という点である。この問いについては後ほど回答することにしたい。

　さて、この期待一致/不一致パラダイムで生活満足を説明した概念枠組みとして、Arndt (1978) がある。Arndt (1978) は次のようにその枠組みを説明している。すなわち、「知覚された生活の質（言い換えれば、派生的な総合満足）は、ミクロ環境すなわち"客観的状況"（それぞれの活動の場における成果）に関して知覚された状況が期待と比較される過程の結果と見なされるかもしれない。図1に示された関係は、消費者満足/不満足の概念化に相当する。もちろん、消費者満足/不満足の概念化に関する諸研究は、消費生活の場に限定される小さな分野の生活の質のみに適用される。図1のマクロ環境には、経済状況、社会における社会的政治的構造、および病院、学校などの機関の存在、それに平均的所得が含まれる。それらはすべて生活の質に対して潜在力を提供する。客観的な社会指標研究のほとんどは、このレベルで実施されてきた。ミクロ環境は、その個人にとっての主観的な状況のことを言う。そこでの関心事は、その行為者の所得、およびその行為者の居住地域での病院や学校の利用可能性と成果である。（中略）次に、客観的状況は、知覚メカニズムを通して眺められ、ミクロ環境に関して知覚された状況という結果になる。そして、知覚は期待と比較されるのである。期待は、同様に、時間的比較（過去の状態から離れた程度）および社会的比較（その個人の状況と"関連する他者"の状況との相違）によって決定される。最後に、ミクロ環境に関して知覚された状況と期待の両方は、状況要因によって

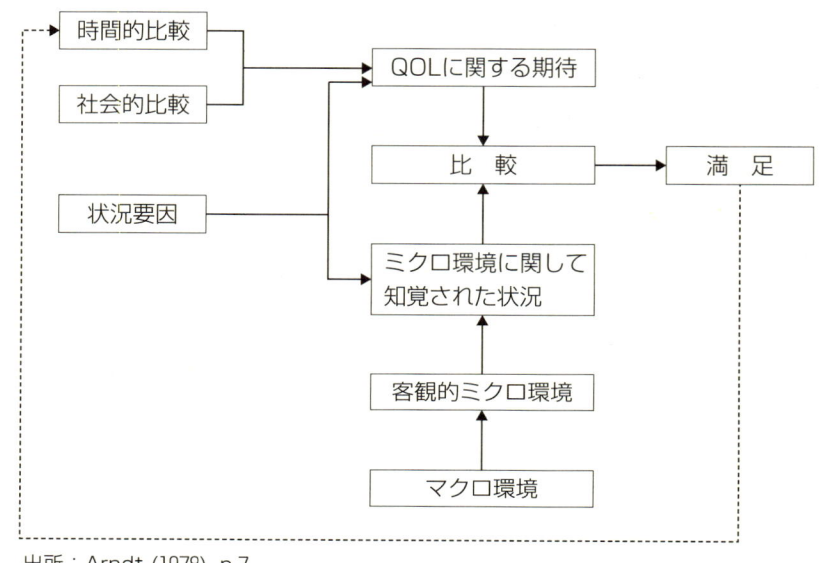

図1　QOLに関する満足の単純化モデル

```
時間的比較 ─┐
           ├──→ QOLに関する期待
社会的比較 ─┘         │
                     ↓
状況要因 ──────→ 比　較 ──→ 満　足
           │         ↑
           └→ ミクロ環境に関して
              知覚された状況
                     ↑
              客観的ミクロ環境
                     ↑
                マクロ環境
```

出所：Arndt (1978), p.7.

影響を受ける。満足の程度が将来の期待に影響を与えるのでフィードバック関係が存在することになる（訳書, pp.7-8)」と。

　非常に単純化されたモデルではあるが、明快である。客観的側面ではなく主体の主観的観点から満足／不満足が決定されることが明示されているが、そのプロセスは感情的というよりも認知的なプロセスであることが暗示されているように思われる。この生活満足と類似した概念に幸福（happiness）があり、QOL を幸福として捉えられる立場もある。しかしながら、幸福と生活満足は、類似しているようであるが、専門的には異なる構成概念である。つまり、幸福とは情緒的概念であり、生活満足は認知的概念であると規定されている（Cambell 1976; McKennell 1978; Andrews and McKennell 1980; McKennell and Andrews 1980; Organ and Near 1985; Brief and Roberson

第5章　生活満足への定量的接近

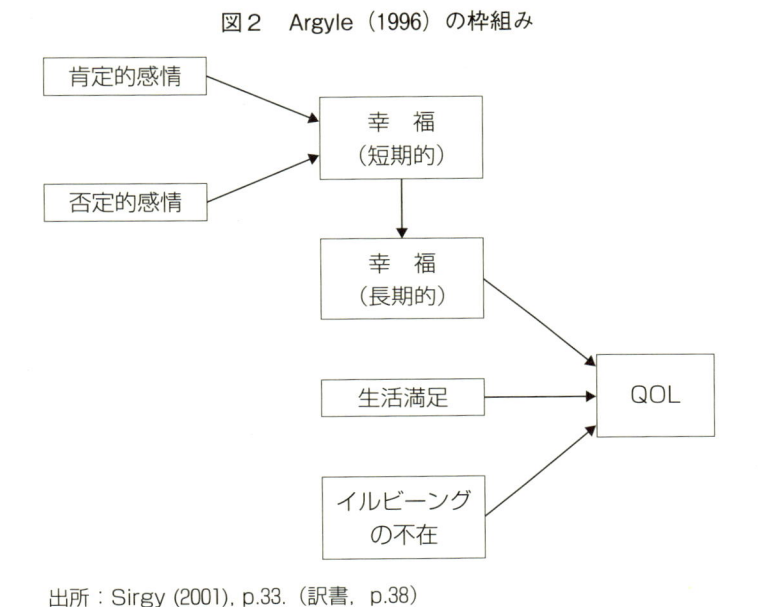

図2　Argyle (1996) の枠組み

```
肯定的感情 ─┐
            ├→ 幸　福
否定的感情 ─┘  （短期的）
                 │
                 ↓
              幸　福
             （長期的）
                 │
                 ↓
生活満足 ────────→ QOL
                 ↑
イルビーング ────┘
の不在
```

出所：Sirgy (2001), p.33.（訳書, p.38）

1989; Kozma and Stones 1992; Crooker and Near 1995)。

　Sirgy (2001) は、生活満足、幸福、それにイルビーング (ill-being) からなるQOL概念として、Argyle (1996) の枠組みを次のように説明している。すなわち、「Argyle (1996) は、主観的なウェルビーングが、(1) 幸福、(2) 生活満足、そして (3) イルビーングのない状態、という3つの要因によって決定されるとしている。彼は、人が憂鬱や不安といった形をとるイルビーングを経験している場合には主観的なウェルビーングは経験されないであろうと主張している。ゆえに、ここでは、イルビーングの不在という概念を主観的ウェルビーングという概念に追加する。幸福、生活満足、そしてイルビーングの不在により構成される主観的ウェルビーングの形成的概念は図2のように捉えられる。(中略) 幸福、生活満足、そしてイルビーングの不在によっ

て形成される主観的ウェルビーングとしてのQOL概念は、まさに強力な概念である。それはパーソナリティ心理学者や社会心理学者によって最も一般的に利用されるQOL概念である（Sirgy 2001，訳書，pp.37-38)」と。このように、Argyle（1996）の枠組みでは、QOL（主観的ウェルビーングの言い換え）は、3つの要因によって決定されることを明示しているが、本章では、生活満足に限定し、幸福ならびにイルビーングのない状態を含んだモデルについては、別に考察を加えたいと思う。

3．調査の目的と対象

　さて、Day（1987）の問い、すなわち生活満足という概念を定義する際には、「誰の生活か」および「誰がその生活を評価するのか」を明らかにする必要がある、に回答する形で、調査の目的と対象を明示したいと思う。まず、「誰の生活か」という問いであるが、本調査では、個人という集計レベルで、労働者の生活を対象とする。対象として労働者を取り上げた理由は、労働者は生活の多くの時間を仕事に費やしているからである。つまり、仕事生活が生活の中心的領域と言える。それに対して、退職した人、大学生、主婦は、それぞれの生活の中心的な領域が異なる。そこで、労働者のQOLすなわち生活満足を調査の対象としたのである。さらに、パートタイムではなくフルタイムの労働者としたが、これもパートタイムの場合、仕事が生活の中心的な領域にあるとは限らないからという理由によるものである。なお、家族のQOLや余暇QOLについての調査は、この調査を踏まえたうえで、今後の研究課題として取り組んでいくことにする。

　次に、「誰がその生活を評価するのか」という問いに対しては、本調査では、パートタイムではなくフルタイムの労働者が自らの生活を評価するという観点から生活満足を捉えることとする。つまり、主観的な観点からの調査ということである。

第5章　生活満足への定量的接近

このような対象を想定し、具体的には次のような目的と対象を設定した。

調査目的
1．職務満足と生活満足の関係として、流出、補償、および分離の3つの仮説のいずれが当てはまるかを検証すること
2．職務満足と個別的職務満足の関係の解明
3．生活満足と個別的生活満足の関係の解明
4．職務満足および生活満足の構造の解明

調査対象
 (ア)　期間：2004年11月から2005年1月まで
 (イ)　日本ポリオレフィンフィルム工業組合の組合員195社から16社を抽出
 (ウ)　正社員として勤務する労働者を調査対象
 (エ)　688票、回答500票（回答率72.7％：同工業組合の理事会で調査の承認を受け、協力をいただいたために、高い回答率となっている）
 (オ)　郵送法（質問票[1]を手渡して、会社以外で記入してもらい郵便で返送。会社以外で記入し、高橋研究室に郵送してもらった理由は、匿名性と意見を自由に書けるという状況を確保するためである）
 (カ)　回答者の属性に関する度数分布については、表1のとおりである。なお、分析には、SPSS ver.13および Amos ver.5を使用

---

[1]　作成に当たっては小野（1992）を参考にさせていただいた。記して感謝いたします。また、同様な調査は高橋（2000）でも行った。その結果と今回の結果との比較・検討については別に考察を行う予定である。

表1　回答者の属性に関する度数表

	年齢	度　数	パーセント	有　効 パーセント	累　積 パーセント
有　効	20歳未満	5	1.0	1.0	1.0
	20歳代	95	19.0	19.4	20.4
	30歳代	148	29.6	30.2	50.6
	40歳代	121	24.2	24.7	75.3
	50歳代	108	21.6	22.0	97.3
	60歳以上	13	2.6	2.7	100.0
	合計	490	98.0	100.0	
欠損値	99	10	2.0		
合　計		500	100.0		

	勤続年数	度　数	パーセント	有　効 パーセント	累　積 パーセント
有　効	1年未満	27	5.4	5.5	5.5
	1年以上3年未満	37	7.4	7.6	13.1
	3年以上10年未満	143	28.6	29.2	42.3
	10年以上20年未満	153	30.6	31.3	73.6
	20年以上	129	25.8	26.4	100.0
	合計	489	97.8	100.0	
欠損値	99	11	2.2		
合　計		500	100.0		

第5章　生活満足への定量的接近

	住居形態	度　数	パーセント	有　効 パーセント	累　積 パーセント
有　効	会社の寮	19	3.8	3.9	3.9
	社宅	17	3.4	3.5	7.4
	賃貸アパート／マンション	125	25.0	25.6	32.9
	分譲マンション	22	4.4	4.5	37.4
	一戸建て	293	58.6	59.9	97.3
	その他	13	2.6	2.7	100.0
	合計	489	97.8	100.0	
欠損値	99	11	2.2		
合　計		500	100.0		

	家族形態	度　数	パーセント	有　効 パーセント	累　積 パーセント
有　効	ひとり暮らし	53	10.6	10.9	10.9
	二人暮らし	81	16.2	16.6	27.5
	三人以上	354	70.8	72.5	100.0
	合計	488	97.6	100.0	
欠損値	99	12	2.4		
合　計		500	100.0		

	職種	度　数	パーセント	有　効 パーセント	累　積 パーセント
有　効	営業職	62	12.4	12.7	12.7
	事務職	116	23.2	23.8	36.5
	工場勤務	245	49.0	50.2	86.7
	管理職	46	9.2	9.4	96.1
	その他	19	3.8	3.9	100.0
	合計	488	97.6	100.0	
欠損値	99	12	2.4		
合　計		500	100.0		

4．生活への時間配分と仕事生活

4－1．生活への関心と行動の時間配分

まず、仕事、家庭および家族、それに趣味およびレジャーの3つの領域について、どの程度関心を持ち、どの程度時間を割り当てているかについて、全体を100%として、回答を求めた。回答の集計は図3のとおりである。関心の割合は、仕事と家庭および家族がほぼ同じで4割弱、趣味およびレジャーが3割弱である。他方、行動の割合は、仕事が約5割、家庭および家族が約3割、それに趣味およびレジャーが約2割となっている。この数字から、家庭および家族と趣味およびレジャーに関心があっても、現実の行動では、仕事が生活の大半を占めていることが分かる。このように、いくつかの生活領域の中で、仕事生活がフルタイムの労働者にとって最も多くの時間を配分する対象である。

図3　生活への関心と行動の時間配分

3つの生活領域への時間配分（N＝478）

	関心の割合	行動の割合
趣味・レジャー	27.57	19.63
家庭・家族	35.65	29.21
仕事	37.22	51.40

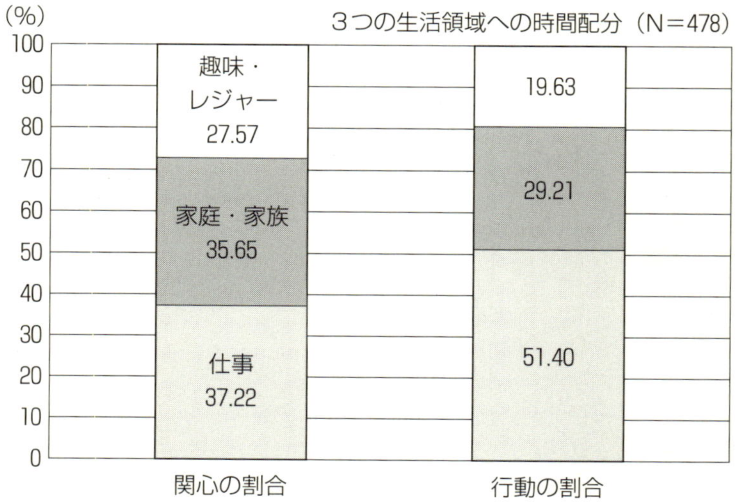

４－２．仕事生活と非仕事生活の関係

　仕事生活と非仕事生活（仕事以外の生活）の関係についての実証研究は、Dubin（1956）より始まると言われ、QOL研究よりも長い歴史を有している。彼は、まず、仕事とレジャーの関係に関する理論を構成する５つの原理を提示し、それらを次のように説明している。

① 社会的経験は不可避的に分離させられるという原理
② 個人はその人の社会的経験のセクターに社会的に参加せざるをえないが、それはその人にとって重要ではないかもしれないという仮定
③ これらから導き出される、適切な社会的行動は社会的経験のセクター内で発生するであろうが、それはその個人の社会的参加を強制するが、その人にとって重要ではないという論理的な結論
④ 不可避だか重要でない社会的参加という状況において、最も直接的で明白な状況の特徴はその状況にその個人をつなぎとめる根拠となるという第２の結論
⑤ 主要な社会的関係はその個人がその社会的経験に価値を与えるような状況においてのみ発生するという第３の結論である（Dubin 1956, p.132）

　Romzek（1985）は、これまでの研究を整理し、仕事と非仕事（nonwork）の生活との関係が３つのタイプ[2]に集約できるとし、それぞれを次のように説明している（表２参照）。

「流出モデルは、中心的な制度状況（たとえば仕事あるいは家庭）における個人の適応は他の状況にもあてはまると仮定している。つまり、ある領域で見られる態度あるいは行動は、個人の他の領域に持ちこされるのである。たとえば、仕事における不満は家庭における不満と関連する。

　補償モデルは、中心的な制度状況における個人の適応は他の状況における

---

[2] Evans and Bartoome（1986）は、これら３つのモデルに、職務満足と生活満足が両立しないコンフリクト・モデルと職務満足が生活満足の道具となるような道具モデルを追加している。

態度あるいは経験の代償となると仮定している。言い換えれば、ある領域において経験される剥奪あるいは過剰は他の領域における過剰あるいは剥奪によって均衡が保たれるのである。たとえば、不幸せな家庭生活の代償として仕事へ没頭することがその例である。

　分離モデルでは、従業員の生活と個人的生活は、全く関係がない。自らの仕事と生活とを分離している従業員は、仕事の影響を個人の生活に持ち込まないし、個人の生活の影響を仕事に持ち込まない。つまり、彼らはある領域を他の領域で直面している状況の代替物あるいは補完物として利用しようとはしないのである。たとえば、職務満足の程度は、非仕事における生活満足を高めもしなければ、減少もさせないのである（Romzek 1985, p.259）」

　Rain *et al.*（1991）は、職務満足と生活満足の関係について主に80年代の実証研究をサーベイし、3つのモデルのいずれが支持されるかについて報告している。それらの実証研究をまとめたものが表3である。取り上げられた24の実証研究の中で、Gupta and Beehr（1981）のみが分離仮説を支持しているが、他の23の研究では、流出仮説（および一部補償仮説）が支持されている。

　そして、多くの実証研究で、職務満足と生活満足の関係をさらに明らかにするために、さまざまな媒介変数が導入されてきた。それらの媒介変数として、年齢と自営対雇用（Bamundo and Kopelman 1980）、統制の位置（Kabanoff and O'Brien 1980）、達成欲（Champoux 1981）、職務流動性（Keon and McDonald 1982）、休暇満足（Lounsbury and Hoopers 1986）、妻の職務

表2　仕事と非仕事の関係についての3つのモデル

| 流出モデル：仕事　＋　非仕事 |
| 補償モデル：仕事　－　非仕事 |
| 分離モデル：仕事　０　非仕事 |

出所：Romzek (1985), p.259.

第5章 生活満足への定量的接近

表3 3つのモデルに関するメタ分析

研究の著者	刊行年	支持仮説	職務満足尺度	生活満足尺度	全国的確率標本
Bamundo & Kopelman	1980	S	JDI	IND	Y
Bharadwaj	1977	S	COMP	COMP	YM
Chacko	1983	S/C	COMP	COMP	YM
Champoux	1980	S/C	OTH	OTH	N
Champoux	1981	S/C	OTH	OTH	N
Cooke & Rousseau	1984	S	COMP	COMP	N
Crouter	1984	S	IND	IND	N
Evans & Bartolome	1984	S/C	IND	IND	N
Evans & Bartolome	1986	S/C	IND	IND	N
Gupta & Beehr	1981	E	IND	IND	N
Hesketh & Shouksmith	1986	S	OTH	OTH	N
Jamal & Mitchell	1980	S/C	OTH	OTH	N
Kabanoff & O'Brien	1980	S/C	COMP	COMP	YM
Keon & McDonald	1982	S	COMP	COMP	N
Khaleque & Wadud	1984	S	IND	IND	N
Lounsbury et al.	1982	S	JDI	OTH	N
Lounsbury & Hoopes	1986	S/C	COMP	COMP	N
Maatekaasa	1984	S	COMP	COMP	YM
Michalos	1983	S	COMP	COMP	N
Near et al.	1983	S	COMP	COMP	YM
Near et al.	1984	S	COMP	COMP	YM
Parry & Warr	1980	S	OTH	IND	N
Rice et al.	1982	S	COMP	COMP	YM
Rice et al.	1985	S	COMP	COMP	YM
Scarpello & Campbell	1983	S	MSQ	IND	N
Schlenker & Gutek	1987	S/C	COMP	IND	N
Schmitt & Bedeian	1982	S	MSQ	OTH	N
Schmitt & Mellon	1980	S	MSQ	IND	N
Sekaran	1983	S	JDI	OTH	N
Shaffer	1987	S/C	OTH	OTH	N
Sinha	1980	S	IND	IND	N
Staines et al.	1986	S	COMP	COMP	YM
Steiner & Truxillo	1987	S	MSQ	OTH	N
Trafton & Tinsely	1980	S	JDI	IND	N
Warr et al.	1979	S	COMP	COMP	N

略字は以下のとおり。
Sは流出仮説、Cは補償仮説、Eは分離仮説。
JDIは職務記述書指標、MSQはミネソタ満足質問票、COMPは確率研究のために開発された合成指標、INDは独立型サーベイ調査、OTHは他の刊行された満足尺度。
Yはイエス、Nはノー、YMはミシガン大学サーベイ・リサーチ・センター。

出所：Rain et al. (1991), p.293.

上の地位（Staines *et al.* 1986）、仕事の重要性（Steiner and Truxillo 1987）、現在のライフ・ステージ（Evans and Bartholome 1986）などがある。Tait *et al.*（1989）のメタ分析では、性別と刊行年を媒介変数として、分析を行い、次のような結果を報告している。すなわち、1973年以前では、男性の場合は、r = .40、女性の場合は、r = .20であったのに対して、1974年以降では、男性の場合は、r = .37、女性の場合は、r = .39であった。

さて、以上のような理論的ならびに実証的研究を踏まえたうえで、本調査の分析結果を示し、考察を加えることにする。

4－3．調査結果1：相関分析の結果

まず、全体（N = 485）では、r = .175（p＜.001）と弱い正の相関があり、流出モデルが当てはまることが確認された。これは前述の実証研究の結果と一致するものである。次に、媒介変数を導入して分析を行った。用いた媒介変数は自己認識である。すなわち、自分がどのモデルに該当するかを問いそれにしたがって3つに分けて（自己認識別）、相関分析を行った。結果は次のとおりである。まず、流出型と申告したグループ（N = 169）は、r = .309（p＜.001）で、相関係数の値が大きくなった。次に、補償型と申告したグループ（N = 87）は、r = .150（有意でない）となり、自らの申告と異なり負の相関となるような補償型となっていない。最後に、分離型と申告したグループ（N = 158）は、r = .093（有意でない）となり、統計的には有意ではないが分離型モデルに当てはまるという結果となった。この媒介変数を用いた分析結果から、被験者の信念・属性によっては、必ずしも流出モデルが当てはまるとは限らないことが明らかになった。したがって、この点についてはさらなる検討が必要であると言える。

第5章 生活満足への定量的接近

5．職務満足

調査目的2：職務満足と個別職務満足の関係
5－1．職務満足の測定

　職務満足に関するリフレクティブ指標[3]の古典的な例は、Hoppock（1935）の単一の質問による調査であろう。「以下の表明の中から、あなたがあなたの仕事をどの程度好きかを最もよく表現しているもの1つを選びなさい」という質問文で、「憎んでいる」から「愛している」までの7つの尺度で回答を求めている。また、リフレクティブ指標の例としては、Veroff *et al.*（1981）がある。彼らは、「あなたの仕事に関するすべての事柄を考慮して、あなたはあなたの仕事にどの程度満足あるいは不満足ですか」という質問文で職務満足を測定している。なお、その回答は、男性と女性については、次のとおりである。男性の場合は、非常に満足27％、満足47％、中立5％、両面価値（ある面は好きだが、嫌いな面もある）12％、不満足1％であり、女性の場合は、非常に満足29％、満足42％、中立4％、両面価値（ある面は好きだが、嫌いな面もある）14％、不満足1％である。

　フォーマティブ指標[4]の例は、枚挙に暇がない。Sirgy（2001）は、ニーズ充足指標、職務記述書指標（JDI）、ハッスル／アップリフト尺度、McNabb = Sepic（1992）のQWL測度、Lewellyn = Wibker（1990）の職務満足測度、Manz = Grothe（1990）のQWL測度、Hart（1994）のQWL測度をあげて

---

3) リフレクティブ指標とは、本質的に、構成概念を最も直接的な方法で測定するものであり、その構成概念を1次元的な存在と見なす見解を反映している（Sirgy 2001, 訳書, p.95）。
4) フォーマティブ指標とは、その構成概念が多次元的で、またその構成概念を測定する最も優れた方法が、それを構成している諸次元を何らかの形で合成することであるという見解を表している。フォーマティブ指標の見方に基づくと、構成概念をつくり上げている諸次元は、その構成概念の決定要因であると考えられる（Sirgy 2001, 訳書, p.95）。

いる。これらの中でも最も利用されているものは、職務記述指標であろう。この職務記述書指標を開発したSmith, Kendall and Hulin（1969）は職務を①仕事そのもの、②賃金、③昇進機会、④現在の職務に対する監督、⑤同僚との関係の5つの領域に分けている。

5－2．個別的職務満足

さて、本調査では職務記述指標のようにいくつかの領域からなる個別的な職務満足について調査を行った。事前に領域を設定するのではなく、探索的因子分析によって領域を設定するというやり方を採用している。

そこで、22項目の個別的職務満足について、5点尺度（5＝大いに満足している；4＝やや満足している；3＝どちらとも言えない；2＝やや不満足である；1＝大いに不満足である）で回答を求めたものである。図4（個別的職務満足度の平均値）から明らかなように、まず、全項目の平均値は、2.74と相対的に低い満足度となっている。特に低い値となっている項目を低い順に列挙すると、第1位は「賃金の額」の2.04、第2位は「賃金の体系」の2.16、第3位は「有給休暇の消化程度」の2.33、第4位は「休日数」2.47が低い値となっている。これらは賃金や休日に関するものである。他方、特に高い値となっている項目を低い順に列挙すると、第1位は「通勤時間」の3.82、第2位は「同僚との人間関係」の3.40、第3位は「仕事の質」の3.09、第4位は「勤務体制」の3.08、第5位は「上司との人間関係」の3.05が高い値となっている。これらは通勤時間や人間関係に関するものである。

5－3．職務満足

「あなたは、全体的に見て、どの程度現在の仕事に満足されていますか」という問いに対して、7点尺度（7＝大いに満足している；6＝満足している；5＝やや満足している；4＝どちらとも言えない；3＝やや不満足である；2＝不満足である；1＝大いに不満足である）で回答を求めた。平均値

第5章　生活満足への定量的接近

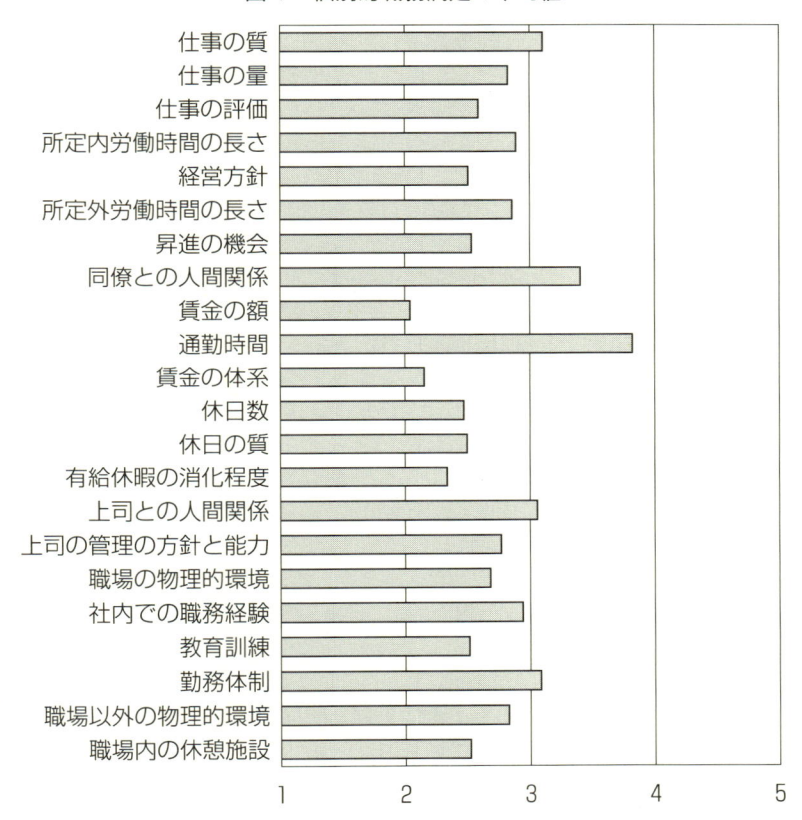

図4　個別的職務満足の平均値

項目	平均値(目視)
仕事の質	約3.0
仕事の量	約2.8
仕事の評価	約2.6
所定内労働時間の長さ	約2.9
経営方針	約2.5
所定外労働時間の長さ	約2.9
昇進の機会	約2.5
同僚との人間関係	約3.3
賃金の額	約2.0
通勤時間	約3.8
賃金の体系	約2.1
休日数	約2.5
休日の質	約2.5
有給休暇の消化程度	約2.3
上司との人間関係	約3.0
上司の管理の方針と能力	約2.7
職場の物理的環境	約2.7
社内での職務経験	約2.9
教育訓練	約2.5
勤務体制	約3.0
職場以外の物理的環境	約2.8
職場内の休憩施設	約2.5

は、3.78であり、度数分布は、図5のとおりである。

　「やや満足している」が124人で最も多く約24.8％を占めている。次に、「やや不満足である」が110人で22.0％、3番目は「どちらとも言えない」で93人の18.6％となっている。

5－4．探索的因子分析

　22項目の個別的職務満足要因の潜在因子を探るために、探索的因子分析

図5　職務満足

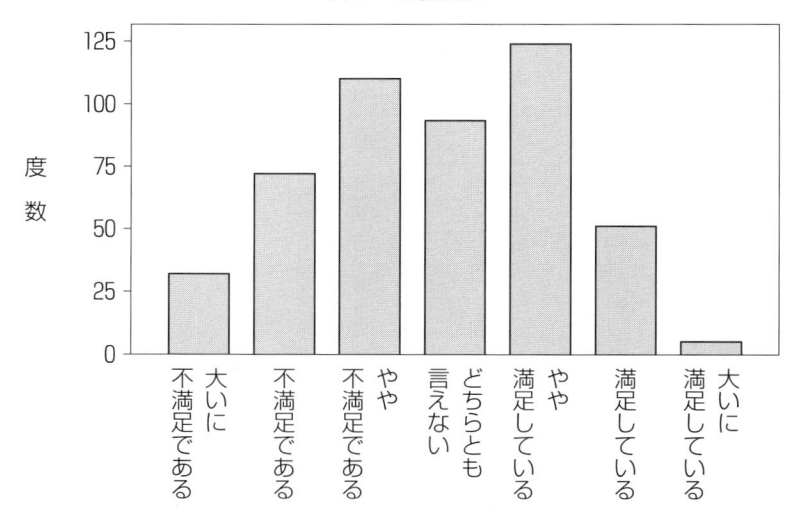

棒グラフ　横軸（左から右）：大いに不満足である 約32、不満足である 約72、やや不満足である 約110、どちらとも言えない 約93、やや満足している 約124、満足している 約51、大いに満足している 約5　縦軸：度数

（直交解、バリマックス回転）を行った。その結果は、表4のとおりである。

　まず、因子Ⅰは、「賃金の体系」と「賃金の額」によって代表される因子であり、そこに共通するものは、賃金であるから賃金因子と名づけることにする。次に、因子Ⅱは「休日数」と「休日の質」などから構成されるものであり、休日因子と呼んで差し支えなかろう。そして、因子Ⅲは「上司の管理の方針と能力」と「上司との人間関係」から上司因子と言えよう。さらに、因子Ⅳは「職場内の休憩施設」と「職場以外の物理的環境」から構成されるので、物理的環境因子と名づけられる。最後に、因子Ⅴは「仕事の量」と「仕事の質」からなるので仕事因子と呼ぶことにする。

　この分析から、「賃金」「休日」「上司」「物理的環境」「仕事」という領域を設定することができる。そのうち、「賃金」と「仕事」は職務記述指標と共通するものであった。

表4　個別職務満足要因の因子分析結果
回転後の因子行列（a）

	因子				
	Ⅰ. 賃金因子	Ⅱ. 休日因子	Ⅲ. 上司因子	Ⅳ. 物理的環境因子	Ⅴ. 仕事因子
仕事の質	.193	.098	.209	.202	.527
仕事の量	.228	.254	.225	.029	.585
仕事の評価	.427	.172	.412	.071	.414
所定内労働時間の長さ	.057	.596	.126	.051	.431
経営方針	.525	.179	.261	.265	.285
所定外労働時間の長さ	.059	.566	.115	.067	.365
昇進の機会	.497	.144	.256	.269	.151
同僚との人間関係	.033	.068	.306	.158	.249
賃金の額	.760	.161	.121	.169	.135
通勤時間	.007	.143	.036	.208	.069
賃金の体系	.790	.243	.163	.126	.116
休日数	.294	.744	.066	.222	-.050
休日の質	.313	.656	.115	.185	-.100
有給休暇の消化程度	.074	.545	.097	.061	.143
上司との人間関係	.165	.242	.763	.159	.167
上司の管理の方針と能力	.318	.121	.786	.133	.140
職場の物理的環境	.163	.121	.406	.355	.266
社内での職務経験	.162	.055	.357	.400	.332
教育訓練	.251	.033	.363	.441	.224
勤務体制	.140	.365	.149	.324	.199
職場以外の物理的環境	.133	.090	.041	.606	.011
職場内の休憩施設	.210	.127	.210	.637	.030

因子抽出法：主因子法
回転法：Kaiserの正規化を伴うバリマックス法
（a）7回の反復で回転が収束

5−5．重回帰分析

　職務満足を従属変数とし、因子分析で得られた因子得点を独立変数とした重回帰分析（ステップワイズ法）を行った。その分析結果は、表5のとおりである。その結果は、仕事因子（$\beta = .424$）、賃金因子（$\beta = .327$）、上司因子（$\beta = .229$）、休日因子（$\beta = .129$）、物理的環境因子（$\beta = .114$）からなるモデルが採択された（調整済み R2乗 = .437）。職務満足が仕事、賃金、上司、休日、物理的環境で決まるというモデルは、常識的なモデルと言えよう。これは被験者がフルタイムの労働者であることが主な要因であると考えられ

表5　職務満足に関する重回帰分析結果

モデル集計

R	R2乗	調整済み R2乗	推定値の標準誤差
0.666	0.444	0.437	1.095

分散分析

	平方和	自由度	平均平方	F値	有意確率
回帰	421.709	5	84.342	70.337	0.000
残差	528.805	441	1.199		
全体	950.515	446			

予測値：(定数)、仕事因子、賃金因子、上司因子、休日因子、物理的環境因子
従属変数：職務満足

係数

	非標準化係数		標準化係数	t	有意確率
	B	標準誤差	ベータ		
(定数)	3.785	0.052		73.063	0.000
仕事因子	0.761	0.064	0.424	11.824	0.000
賃金因子	0.536	0.059	0.327	9.130	0.000
上司因子	0.378	0.059	0.229	6.378	0.000
休日因子	0.211	0.059	0.129	3.612	0.000
物理的環境因子	0.205	0.064	0.114	3.176	0.002

る。恐らく、パートタイム労働者やフリーターの場合には、別のモデルが当てはまるであろう。なお、高橋（2000）のモデル（調整済み R2乗 = .470）でも仕事、賃金、休日、上司、物理的環境の順でほぼ同じ結果となっている。

6．生活満足

調査目的3：生活満足と個別生活満足の関係
6-1．生活満足の測定

　Cantril（1965）は、以下のような指示を通して生活満足を測定している。
　回答者たちは、まず初めに将来の望みや希望を記述するように求められ、次に自分たちにとって最も不幸な生活は何かを記述するように求められる。回答者たちは次に、最上部を0、最上部を9とするようなはしご状の絵が提示される。さらに回答者たちは、はしごの最上部が最良の生活を、はしごの最下部が最悪の生活を表していると考えるように指示される。最後に回答者には以下のような質問がなされる：「現時点であなたの状態はそのはしごのどこに位置していますか？」
　Andrew and Withey（1976）は、この尺度を用いて、米国で調査を行い、各段階の回答の分布は、1＝1％、2＝2％、3＝3％、4＝5.5％、5＝20.5％、6＝26％、7＝26％、8＝10.5％、9＝5.5％という結果になったと報告している。
　Cambell, Converse and Rodgers（1976）は、「あなたは、最近、全体としての自分の人生にどの程度満足していますか」という質問に対して、「完全に不満足である」から「完全に満足である」の7点尺度で回答を求めるという方法で、調査を行った。その結果は、1＝0.9％、2＝2.1％、3＝3.7％、4＝11.3％、5＝20.7％、6＝39.6％、6＝39.6％、7＝21.7％、というものであった。さらに、彼らは、日常生活を家族生活、結婚生活、経済状態、住居、仕事、交友、健康、余暇活動という8つの領域に分けている。

生活満足に関する指標も非常に多く、Sirgy（2001）は、Cantril（1965）のはしご指標、Spreitzer = Synder（1974）の生活満足測度、Neugarten *et al.*（1961）の生活満足評定、Diener *et al.*（1985）の生活に対する満足測度、リフレクティブ生活満足測度、調和生活満足測度、生活満足に関するニーズ階層測度などを紹介している。

6-2．個別的生活満足（個別的非仕事生活満足）

　20項目の個別的生活満足について、個別的職務満足と同様に5点尺度で回答を求めた。

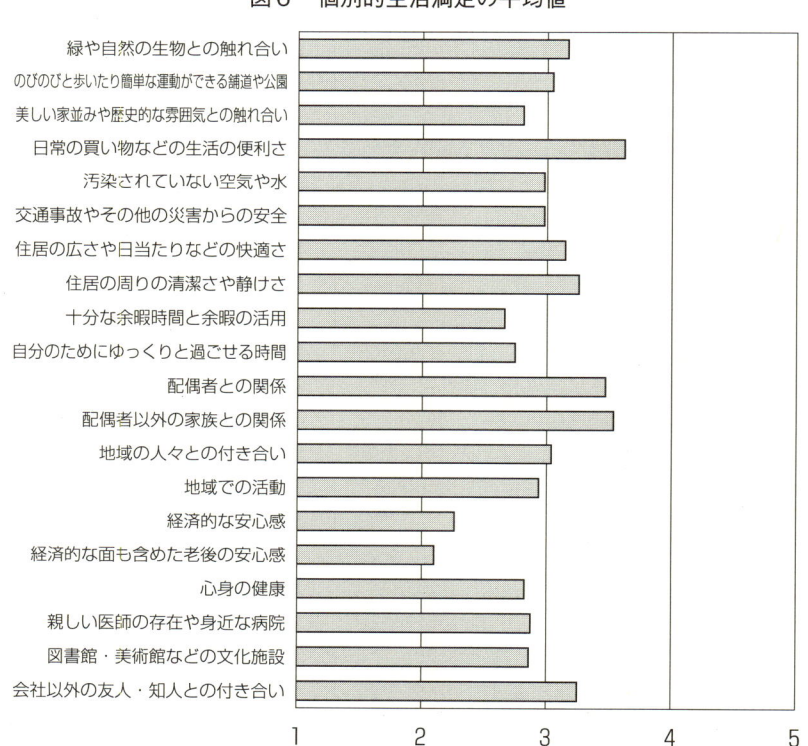

図6　個別的生活満足の平均値

項目	平均値
緑や自然の生物との触れ合い	3.2
のびのびと歩いたり簡単な運動ができる舗道や公園	3.0
美しい家並みや歴史的な雰囲気との触れ合い	2.8
日常の買い物などの生活の便利さ	3.6
汚染されていない空気や水	3.0
交通事故やその他の災害からの安全	3.0
住居の広さや日当たりなどの快適さ	3.2
住居の周りの清潔さや静けさ	3.3
十分な余暇時間と余暇の活用	2.7
自分のためにゆっくりと過ごせる時間	2.8
配偶者との関係	3.5
配偶者以外の家族との関係	3.5
地域の人々との付き合い	3.0
地域での活動	2.9
経済的な安心感	2.3
経済的な面も含めた老後の安心感	2.1
心身の健康	2.8
親しい医師の存在や身近な病院	2.8
図書館・美術館などの文化施設	2.8
会社以外の友人・知人との付き合い	3.2

第5章　生活満足への定量的接近

　図6（個別的満足度の平均値）から明らかなように、まず、全項目の平均値は、2.98となっている。満足度の高かった項目を順に列挙すると、第1位は「日常の買い物などの生活の便利さ」の3.61、第2位は「配偶者以外の家族との関係」の3.54、第3位は「配偶者との関係」の3.48が高い値となっている。第1位は、消費者QOLにかかわる事項であり、第2位と第3位は家族QOLに関するものである。他方、満足度の低かった項目を順に列挙すると、第1位は「経済的な面も含めた老後の安心感」の2.11、第2位は「経済的な安心感」の2.27、第3位は「十分な余暇時間と余暇の活用」の2.67が低い値となっている。第1位と第2位は経済的QOLと健康関連QOLに関するものであり、第3位は余暇QOLに関するものである。

6−3．生活満足（非仕事生活満足）

　「あなたは、全体的に見て、どの程度仕事以外の生活に満足されていますか」という問いに対して、7点尺度（7＝大いに満足している；6＝満足し

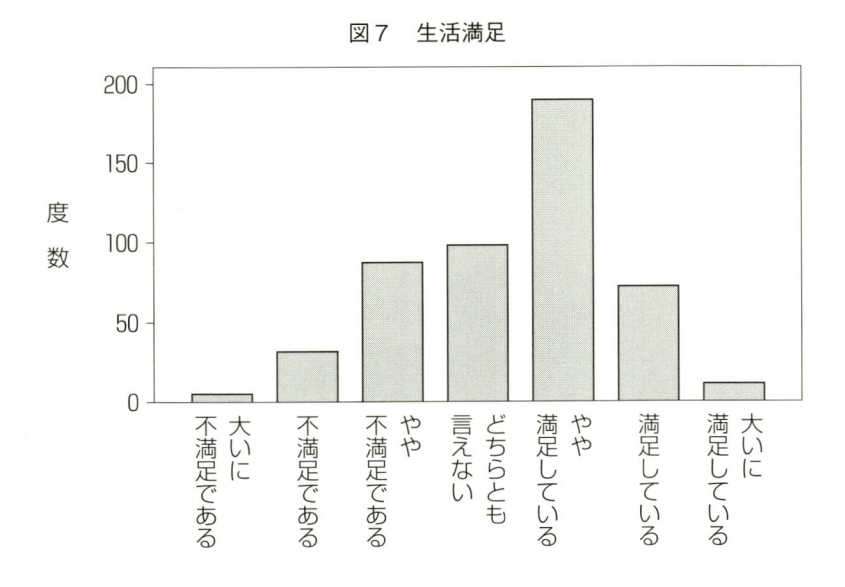

図7　生活満足

ている；5＝やや満足している；4＝どちらとも言えない；3＝やや不満足である；2＝不満足である；1＝大いに不満足である）で回答を求めた。平均値は4.41であり、度数分布は、図7のとおりである。

職務満足と同様に、「やや満足している」が最も多く、190人で約38.0％を占め、職務満足よりも割合が大きい。次に、「どちらとも言えない」が98人で19.6％、三番目が「やや不満足である」で87人の17.4％となっており、職務満足の順位と逆になっている。

6－4．探索的因子分析

生活満足についても事前に領域を設定するのではなく、探索的因子分析によって領域を設定するというやり方を採用している。職務満足の場合と同じ手順で、20項目の個別的生活満足要因の潜在因子を探るために、探索的因子分析（直交解、バリマックス回転）を行った。その結果は、表6のとおりである。

まず、因子Ⅰは、「経済的な面も含めた老後の安心感」と「経済的な安心感」からなる因子なので、経済因子と名づけることにする。次に、因子Ⅱは、「住居の周りの清潔さや静けさ」「交通事故やその他の災害からの安全」「汚染されていない空気や水」、それに「住居の広さや日当たりなどの快適さ」から構成される因子なので、安全因子と呼ぶことする。そして、因子Ⅲは、「のびのびと歩いたり簡単な運動ができる舗道や公園」「美しい家並みや歴史的な雰囲気との触れ合い」、それに「緑や自然の生物との触れ合い」から構成される因子なので、空間的ゆとり因子と名づける。続いて、因子Ⅳ「自分のためにゆっくりと過ごせる時間」と「十分な余暇時間と余暇の活用」からなる因子なので、時間的ゆとり因子と呼ぶことにする。さらに、因子Ⅴ「配偶者以外の家族との関係」と「配偶者との関係」からなる因子なので、家族因子と呼ぶことにする。因子Ⅵは、「地域での活動」と「地域の人々との付き合い」からなるので、地域因子と名づける。最後に、因子Ⅶは、「親しい医

第5章 生活満足への定量的接近

表6 個別的生活満足要因の因子分析結果
回転後の因子行列 (a)

	因子						
	I. 経済因子	II. 安全因子	III. 空間的ゆとり因子	IV. 時間的ゆとり因子	V. 家族因子	VI. 地域因子	VII. 医療・文化因子
緑や自然の生物との触れ合い	.041	.028	.577	.059	.071	.149	.073
のびのびと歩いたり簡単な運動ができる舗道や公園	-.004	.122	.751	.074	-.015	.003	.123
美しい家並みや歴史的な雰囲気との触れ合い	.037	.121	.670	.108	-.035	.167	.215
日常の買い物などの生活の便利さ	-.052	.112	.176	.021	.109	-.112	.336
汚染されていない空気や水	.065	.578	.211	.038	-.014	-.037	.006
交通事故やその他の災害からの安全	.229	.580	-.026	.018	-.054	-.008	.068
住居の広さや日当たりなどの快適さ	.048	.545	.046	.117	.126	.125	.122
住居の周りの清潔さや静けさ	.099	.639	.068	.138	.103	.116	.104
十分な余暇時間と余暇の活用	.085	.178	.133	.744	.060	.052	.199
自分のためにゆっくりと過ごせる時間	.111	.121	.112	.878	.008	.055	.071
配偶者との関係	.004	.029	-.040	.026	.592	.083	.042
配偶者以外の家族との関係	.097	.090	.100	.022	.868	.090	.104
地域の人々との付き合い	.110	.145	.143	.089	.153	.709	.162
地域での活動	.079	.031	.144	.016	.065	.727	.011
経済的な安心感	.776	.176	.069	.076	.024	.093	.039
経済的な面も含めた老後の安心感	.951	.107	.038	.063	.000	.032	.040
心身の健康	.383	.185	-.026	.081	.114	.113	.177
親しい医師の存在や身近な病院	.089	.119	-.003	.054	.031	.142	.627
図書館・美術館などの文化施設	.079	.021	.137	.082	-.020	.025	.469
会社以外の友人・知人との付き合い	.096	.038	.208	.154	.184	.196	.381

因子抽出法：主因子法
回転法：Kaiserの正規化を伴うバリマックス法
(a) 6回の反復で回転が収束

師の存在や身近な病院」と「図書館・美術館などの文化施設」から構成されるので、医療・文化因子と呼ぶことにする。

6－5．重回帰分析

生活満足を従属変数とし、因子得点を独立変数とした重回帰分析（ステップワイズ法）を行った。その分析結果は、表7のとおりである。その結果は、

表7　生活満足に関する重回帰分析結果

モデル集計

R	R2乗	調整済み R2乗	推定値の標準誤差
0.621	0.386	0.376	0.973

分散分析

	平方和	自由度	平均平方	F値	有意確率
回帰	247.874	7	35.411	37.401	0.000
残差	393.859	416	0.947		
全体	641.733	423			

予測値：(定数)、家族因子、時間的ゆとり因子、経済因子、医療・文化因子、
　　　　空間的ゆとり因子、地域因子、安全因子
従属変数：生活満足

係数

	非標準化係数		標準化係数	t	有意確率
	B	標準誤差	ベータ		
（定数）	4.426	0.047		93.656	0.000
家族因子	0.516	0.053	0.376	9.754	0.000
時間的ゆとり因子	0.337	0.052	0.251	6.500	0.000
経済因子	0.321	0.049	0.251	6.529	0.000
医療・文化因子	0.326	0.064	0.198	5.085	0.000
空間的ゆとり因子	0.199	0.056	0.138	3.571	0.000
地域因子	0.146	0.057	0.100	2.584	0.010
安全因子	0.118	0.058	0.079	2.041	0.042

家族因子（$\beta = .376$）、時間的ゆとり因子（$\beta = .251$）、経済因子（$\beta = .251$）、医療・文化因子（$\beta = .198$）、空間的ゆとり因子（$\beta = .138$）、地域因子（$\beta = .100$）、安全因子（$\beta = .079$）からなるモデルが採択された（調整済みR2乗 = .376）。被験者には、一人暮らしの人も含んでいるが、家族が決定要因として最も大きいことは注目に値するであろう。

6－6．全体的生活満足

「仕事も含めたトータルな生活に関する満足度についてお伺いいたします。あなたは仕事と仕事以外の生活の両方を総合した現在の生活に、どの程度満足されていますか」という問いに対して、7点尺度（7＝大いに満足している；6＝満足している；5＝やや満足している；4＝どちらとも言えない；3＝やや不満足である；2＝不満足である；1＝大いに不満足である）で回答を求めた。平均値は3.94であり、度数分布は、図8のとおりである。

度数の多い順は、職務満足と同様で、「やや満足している」「やや不満であ

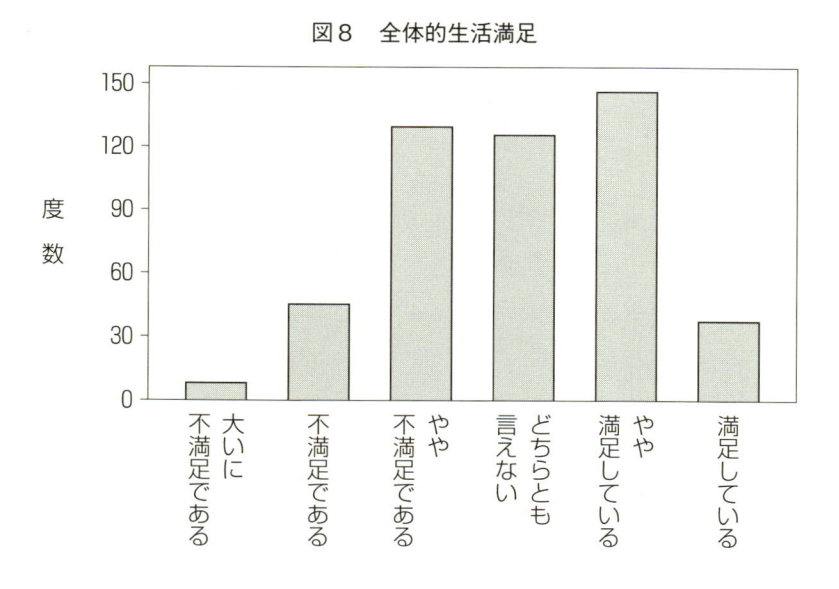

図8　全体的生活満足

る」「どちらとも言えない」の順となっており、それぞれ147人（29.4％）、130人（26.0％）、126人（25.2％）となっている。注目すべきことは、「大いに満足している」と答えた人は一人もいないという点である。

6－7．全体的生活満足に関する重回帰分析

　全体的生活満足を従属変数とし、因子得点を独立変数とした重回帰分析（ステップワイズ法）を行った。その分析結果は、表8のとおりである。その結果は、経済因子（$\beta = .302$）、家族因子（$\beta = .248$）、休日因子（$\beta = .159$）、仕事因子（$\beta = .182$）、賃金因子（$\beta = .168$）、時間的ゆとり因子（$\beta = .157$）、医療・文化因子（$\beta = .093$）、安全因子（$\beta = .095$）、地域因子（$\beta = .097$）、上司因子（$\beta = .080$）からなるモデルが採択された（調整済み R2乗 = .406）。

　Campbell et al., (1976) は、日常生活における満足感の起源として、家庭生活（$\beta = .41$）、結婚生活（$\beta = .36$）、経済状態（$\beta = .33$）、住居（$\beta = .30$）、仕事（$\beta = .27$）、交友（$\beta = .26$）、健康（$\beta = .22$）、余暇活動（$\beta = .21$）と報告している。時代も地域も異なるにもかかわらず、かなり類似した結果となっている。

7．職務満足と生活満足の構造

調査目的4：職務満足および生活満足の構造の解明

　これまでの分析では、従属変数としての職務満足、生活満足、および全体的生活満足は観測変数として測定してきた。この節では職務満足と生活満足の概念を潜在変数として分析することにする。まず、尺度の信頼性を検討するために、確認的因子分析を行った。尺度の信頼性（Cronbach の α 係数）を検討した結果は以下のとおりである。

　職務満足について、賃金尺度（$\alpha = .836$）、休日尺度（$\alpha = .833$）、上司尺度（$\alpha = .846$）。生活満足については、経済尺度（$\alpha = .859$）、環境尺度（$\alpha = .720$）、

表8　全体的生活満足に関する重回帰分析結果

モデル集計

R	R2乗	調整済み R2乗	推定値の標準誤差
0.649	0.421	0.406	0.913

分散分析

	平方和	自由度	平均平方	F値	有意確率
回帰	232.769	10	23.277	27.913	0.000
残差	320.219	384	0.834		
全体	552.987	394			

予測値：(定数)、経済因子、家族因子、休日因子、仕事因子、賃金因子
　　　　時間的ゆとり因子、医療・文化因子、安全因子、地域因子、上司因子
従属変数：全体的生活満足

係数

	非標準化係数		標準化係数	t	有意確率
	B	標準誤差	ベータ		
(定数)	3.942	0.046		85.674	0.000
経済因子	0.372	0.052	0.302	7.173	0.000
家族因子	0.324	0.052	0.248	6.265	0.000
休日因子	0.216	0.056	0.159	3.828	0.000
仕事因子	0.265	0.058	0.182	4.559	0.000
賃金因子	0.222	0.056	0.168	3.964	0.000
時間的ゆとり因子	0.204	0.053	0.157	3.821	0.000
医療・文化因子	0.146	0.063	0.093	2.319	0.021
安全因子	0.137	0.057	0.095	2.420	0.016
地域因子	0.137	0.056	0.097	2.465	0.014
上司因子	0.109	0.055	0.080	1.995	0.047

住居尺度（$\alpha = .716$）を作成した。職務満足は、賃金、休日、それに上司から構成される潜在変数とし、生活満足は、経済、環境、それに住居から構成される潜在変数とした。そのうえで、職務満足と生活満足の関係には流出仮

表9 観測変数間の相関行列

		X_1	X_2	X_3	X_4	X_5	X_6	X_7	X_8	X_9	X_{10}	X_{11}	X_{12}	X_{13}
賃金の額	X_1	1.000												
賃金の体系	X_2	0.722	1.000											
休日数	X_3	0.372	0.444	1.000										
休日の質	X_4	0.336	0.434	0.719	1.000									
人間関係	X_5	0.330	0.367	0.291	0.323	1.000								
方針と能力	X_6	0.381	0.411	0.254	0.306	0.740	1.000							
経済的安心感	X_7	0.472	0.383	0.178	0.200	0.194	0.228	1.000						
老後の安心感	X_8	0.381	0.325	0.148	0.182	0.131	0.158	0.756	1.000					
緑や自然	X_9	0.118	0.114	0.124	0.051	0.056	0.045	0.088	0.089	1.000				
舗道や公園	X_{10}	0.041	0.080	0.119	0.072	0.061	0.041	0.105	0.065	0.424	1.000			
家並みや歴史	X_{11}	0.085	0.090	0.147	0.075	0.025	0.002	0.137	0.145	0.459	0.504	1.000		
広さや日当たり	X_{12}	0.039	0.012	-0.056	-0.053	0.031	0.011	0.186	0.143	0.134	0.165	0.180	1.000	
清潔さや静けさ	X_{13}	0.053	0.049	0.017	0.088	0.072	0.047	0.208	0.184	0.117	0.207	0.158	0.559	1.000

説があてはまることが明らかになったので、2つの潜在変数を結びつけることとした。収集されたデータを用いて共分散構造分析を試みた。分析結果の概略は、図9のとおりである。職務満足については、賃金（$\gamma = .97$）で、休日（$\gamma = .57$）および上司（$\gamma = .53$）に比べ大きな値となっている。また、生活満足については、経済（$\gamma = .91$）で、環境（$\gamma = .22$）および住居（$\gamma = .29$）に比べ大きな値となっている。職務満足から生活満足へのパスは、$\gamma = .57$で比較的高い値となっている。これにより、フルタイムで働いている労働者にとって、経済的な側面が生活満足にとって最も重要であることが示唆されていると理解できるであろう。このモデルの適合度については、カイ2乗＝106.707、自由度＝58、確率水準＝.000、GIF＝.968、AGFI＝.950、CFI＝.980、RMSEA＝.041という結果を得た。したがって、基本的な適合度は高いと判断される。

ただし、このモデルは、あくまでフルタイムの労働者のデータに当てはまりが良かっただけであり、パートタイムの労働者にも当てはまるとは言えな

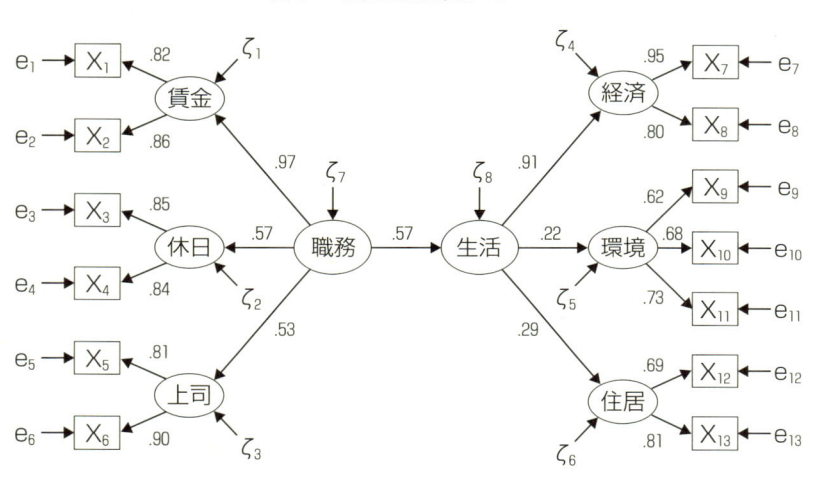

図9 職務生活構造モデル

い。ましてや、仕事をもたない専業主婦や大学生には当てはまらないモデルである。あくまでも生活の50％以上を仕事が占める労働者についての構造モデルである点には留意する必要がある。とはいえ、この職務生活構造モデルは単純なモデルではあるが、今後のモデル構築ならびに修正のための基点となるものと言えよう。その意味で、モデルとしての意義があると考えられる。

8．むすびにかえて

　本章では、多義性を持ったQOLの構造を明らかにするために、QOLへの定量的な接近を試みてきた。まず、QOLを生活満足と規定したうえで、フルタイムの労働者を対象として、実証的な分析を行った。その分析結果から、次のことが明らかとなった。
●職務満足と生活満足の関係としては、流出モデルが当てはまったことである。ただし、媒介変数についてはさらなる研究が必要であることも示

唆された。

- 職務満足の決定要因としては、仕事因子（β = .424）、賃金因子（β = .327）、上司因子（β = .229）、休日因子（β = .129）、物理的環境因子（β = .114）からなるモデルが採択された（調整済みR2乗 = .437）。職務満足が仕事、賃金、上司、休日、物理的環境で決まるというモデルは、常識的なものではあるが妥当性は高いと考えられる。
- 生活満足の決定要因としては、家族因子（β = .376）、時間的ゆとり因子（β = .251）、経済因子（β = .251）、医療・文化因子（β = .198）、空間的ゆとり因子（β = .138）、地域因子（β = .100）、安全因子（β = .079）からなるモデルが採択された（調整済みR2乗 = .376）。被験者には、一人暮らしの人も含んでいるが、家族が決定要因として最も大きいことは注目に値するであろう。
- 全体的生活満足の決定要因としては、経済因子（β = .302）、家族因子（β = .248）、休日因子（β = .159）、仕事因子（β = .182）、賃金因子（β = .168）、時間的ゆとり因子（β = .157）、医療・文化因子（β = .093）、安全因子（β = .095）、地域因子（β = .097）、上司因子（β = .080）からなるモデルが採択された（調整済みR2乗 = .406）。Campbell *et al.*, (1976) の研究と時代も地域も異なるにもかかわらず、かなり類似した結果となった。
- 職務満足と生活満足を潜在変数として、共分散構造分析を行った。基本的な適合度の高いモデルを得ることができた。これは単純なモデルではあるが、今後のモデル構築ならびに修正のための基点となるものと言えよう。

〈引用・参考文献〉

Andrewa, F.M. and A.C. McKennell (1980), "Measures of Self-Reported Well-Being: Their Affective, Cognitive, and Other Components", *Social Indicators*

Research, 8, pp.127-155.
Andrews, F.M. and S.B. Withey (1976), *Social Indicators of Well-Being: Americans' Perception of Quality of Life*, New York: Plenum.
Argyle, M. (1996), "Subjective Well-Being", in *In Pursuit of the Quality of Life*, A.Offer, ed., Oxford University Press, pp.18-45.
Arndt, J. (1978), "The Quality of Life Challenge to Marketing", in *Marketing and the Quality of Life*, F.D. Reynolds and H.C. Barksdale, eds., American Marketing Association, pp.1-10.
Bamundo, P.J. and R.E. Kopelman (1980), "The Moderating Effects of Occupation, Age, and Urbanization on the Relationship between Job and Life Satisfaction", *Journal of Vocational Behavior*, 17, pp.106-123.
Brief, A.P. and L. Roberson (1989), "Job Attitude Organization: An Exploratory Study", *Journal of Applied Social Psychology*, 19, pp.717-727.
Cambell, A.C. (1976), "Subjective Measures of Well Being", *American Psychologist*, 31, pp.117-124.
Campbell, A.C., P.E. Converse and W.L. Rodgers (1976), *The Quality of American Life*, Sage.
Cantril, H. (1965), *The Pattern of Human Concerns*, New Brunswick, New Jersey.
Chacko, T.I. (1980), "Job and Life Satisfaction: A Causal Analysis of Their Relationship", *Academy of Management Journal*, 26, pp.163-169.
Champoux, J.E. (1980), "The Work of Nonwork: Some Implications for Job Redesign Efforts", *Personnel Psychology*, 33, pp.61-75.
Champoux, J.E. (1981), "An Exploratory Study of The Role of Job Scope, Need for Achievement, and Social Status in the Relationship Work and Nonwork", *Sociology and Social Research*, 65, pp.153-176.
Cooke, R.A. and D.M. Rousseau (1984), "Stress and Strain from Family Roles and Work Role Expectations", *Journal of Applied Psychology*, 69, pp.252-260.
Crooker, K.J. and J.P. Near (1995), "Happiness and Satisfaction: Measures of Affect and Cognition?", in *Developments in Quality-of-Life Studies in Marketing*, Vol.5, H.L. Meadow, M.J. Sirgy and D. Rahts, eds., Academy of Marketing Science and the International Society for Quality-of-Life Studies, pp.160-166.
Crouter, A.S. (1984), "Spillover from Family to Work: The neglected side of the

work-family interface", *Human Relations*, 37, pp.425-442.

Day, R.L. (1987), "Relationships between Life Satisfaction and Consumer Satisfaction", in *Marketing and the Quality-of-Life Interface*, A.C. Samli, ed., Quorum Books, pp.289-311.

Diener, E., R.A. Emmons, R.J. Larsen and S. Griffin (1985), "The Satisfaction with Life Scale", *Journal of Personality Assessment*, 49, pp.71-75.

Dubin, R. (1956), "Industrial Workers' World: A Study of the "Central Life Interests" of Industrial Workers", *Social Problems*, 3, pp.131-142.

Evans, P. and F. Bartolome (1984), "The Changing Pictures of Relationships between Career and Family", *Journal of Occupational Behavior*, 5, pp.9-21.

Evans, P. and F. Bartolome (1986), "The Dynamic of Work-Family Relationships in Managerial Line", *International Review of Applied Psychology*, 35, pp.371-375.

Gupta, N. and T. Beehr (1981), "Relationships among Employee's Work and Nonwork Responses", *Journal of Occupational Behavior*, 2, pp.203-209.

Hart, P.M. (1994), "Teacher Quality of Work Life: Integrating Work Experiences, Psychological Distress and Morale", *Journal of Occupational and Organizational Psychology*, 67, pp.109-132.

Hesketh, B and G. Shouksmith (1986), "Job and Non-job Activities, Job Satisfaction and Mental Health among Veterinarians", *Journal of Occupational Psychology*, 7, pp.325-339.

Hoppock, R. (1935), *Job Satisfaction*, Harper.

Jamal, M and V.F. Mitchell (1980), "Work, Nonwork and Mental Health: A Model and a Test", *Industrial Relations*, 19, pp.88-93.

Kabanoff, B. and G.E. O'Brien (1980), "Work and Leisure: A task analysis", *Journal of Applied Psychology*, 65, pp.596-609.

Keon, T.L. and B. McDonal (1982), "Job Satisfaction and Life Satisfaction: An Empirical Evaluation of Their Interrelationship", *Human Relations*, Vol.35, No.3, pp.167-180.

Khaleque, A. and N. Wadud (1984), "Perceived Importance of Job Facets and Overall Job Satisfaction of Industrial Supervisors", *International Review of Applied Psychology*, 33, pp.395-411.

Kozma, A. and M.J. Stones (1992), "Longitudinal Findings on a Componential

Model of Happiness", in *Developments in Quality-of-Life Studies in Marketing*, Vol.4, pp.139-142.

Lewellyn, P.A. and E.A. Wibker (1990), "Significance of Quality of Life on Turnover Intentions of Certified Public Accountants", in *Quality-of-Life Studies in Marketing and Management*, H.L.. Medow and M.J. Sirgy, eds., pp.182-193.

Lounsbury, J.W. and L.L. Hoopes (1986), "A Vacation from Work: Change in Work and Nonwork Outcomes", *Journal of Applied Psychology*, 71, pp.392-401.

Lounsbury, J.W., S.R. Gordon, R.L. Bergermaier and A.M. Francesco (1982), "Work and Nonwork Sources of Satisfaction in Relation to Employee Intention to Turnover", *Journal of Leisure Research*, 14, pp.285-294.

Maatekaasa, A. (1984), "Multiplicative and Additive Models of Job and Life Satisfaction", *Social Indicators Research*, 14, pp.141-163.

Manz, C.C. and R. Grothe (1991), "Is the Work Force Vanguard to the 21st Century a Quality of Work Life Deficient-Prone Generation?", *Journal of Business Research*, 23, pp.67-82.

McKennell, A.C. and F.M. Andrewa (1980), "Models of Cognition and Affect in Perceptions of Well-Being", *Social Indicators Research*, 8, pp.257-298.

McKennell, A.C. (1978), "Cognition and Affect in Perceptions of Well-Being", *Social Indicators Research*, 5, pp.389-426.

McNabb, D.E. and F.T. Sepic (1992), "Stressors, Moderators and Outcomes: Developing an Instrument to Measure Quality of Work Life", in *Developments in Quality-of-Life Studies in Marketing*, Vol.5, H.L. Meadow, M.J. Sirgy and D. Rahts, eds., Academy of Marketing Science and the International Society for Quality-of-Life Studies, pp.133-138.

Michalos, A.C. (1983), "Satisfaction and Happiness in a Rural Northern Resource Community", *Social Indicators Research*, 13, pp.225-252..

Near, J.P., R.W. Rice and R.G. Hunt (1980), "The Relationship between Work and Nonwork Domains: A Review of Empirical Research", *Academy of Management Review*, 5, pp.415-429.

Near, J.P., C.A. Smith, R.W. Rice and R.G. Hunt (1983), "Job Satisfaction and Nonwork Satisfaction as Components of Life Satisfaction", *Journal of Applied Social Psychology*, 13, pp.126-144.

Neugarten, B.L., R.J. Havighurst and S.S. Tobin (1961), "The Measurement of

Life Satisfaction", *Journal of Gerontology*, 16, pp.134-143.

Organ, D.W. and J.P. Near (1985), "Cognition vs. Affect in Measures of Job Satisfaction", *International Journal of Psychology*, 20, pp.241-253.

Parry, G. and P. Warr (1980), "The Measurement of Mother's Work Attitudes", *Journal of Applied Psychology*, 35, pp.245-252.

Rain, J.S., I.M. Lane and D.D. Steiner (1991), "A Current Look at the Job Satisfaction/Life Satisfaction Relationship: Review and Future Considerations", *Human Relations*, Vol.44, No.3, pp.287-307.

Rice, R.W., D.B. McFarlin and G.R. Hunt (1982), "Moderators of the Relationship between Job and Life Satisfaction", Paper presented at the Annual Convention of the American Psychological Association, Washington, D.C.

Rice, R.W., D.B. McFarlin, G.R. Hunt and J.P. Near (1985), "Job Importance as a Moderator of the Relationship between Job Satisfaction and Life Satisfaction", *Basic and Applied Social Psychology*, 6, pp.297-316.

Romzek, D.W. (1985), "Work and Non-work Psychological Involvement", *Administration and Society*, 3, pp.257-281

Scarpello, V. and J.P. Campbell (1983), "Job Satisfaction: Are all the parts there?", *Personnel Psychology*, 36, pp.576-600.

Schlenker, J.A. and B.A. Gutek (1987), "Effects of Role Loss on Work-related attitudes", *Journal of Applied Psychology*, 72, pp.287-293.

Schmitt, N. and P.M. Mellon (1980), "Life and Job Satisfaction: Is the Job Central?", *Journal of Vocational Behavior*, 16, pp.51-58.

Schmitt, N. and A.G. Bedeian (1982), "A Comparison of LISREL and Two-Stage Least Squares Analysis of a Hypothesized Life-Job Satisfaction Reciprocal Relationship", *Journal of Applied Psychology*, 67, pp.806-817.

Sekaran, V. (1983), "Factors Influencing the Quality of Life in Dual-career Families", *Journal of Applied Psychology*, 56, pp.161-174.

Shaffer, G.S. (1987), "Patterns of Work and Nonwork Satisfaction", *Journal of Applied Psychology*, 72, pp.115-124.

Sinha, J.B.P. (1986), "Work Related Values and Climate Factors", *International Review of Applied Psychology*, 35, pp.63-78.

Sirgy, M.J. (2001), Handbook of Quality-of-life Research, Kluwer Academic Publishers.（高橋昭夫、藤井秀登、福田康典訳『QOLリサーチ・ハンドブック―マー

ケティングとクオリティ・オブ・ライフ―』同友館、2005年）

Smith, P.C., L.M. Kendall and C.L. Hulin (1969), *The Measurement of Satisfaction in Work and Retirement*, Rand McNally.

Spreitzer, E. and E. Snyder (1974), "Correlates of Life Satisfaction among the Aged", *Journal of Gernotology*, 29, pp.454-458.

Staines, G.L. (1980), "Spillover versus Compensation: A Review of the Literature on the Relationship between Work and Nonwork", *Human Relations*, 33, pp.111-129.

Staines, G.L., K.L. Pottick and D.A. Fudge (1986), "Wives' Employment and Husbands' Attitudes toward Work and Life", *Journal of Applied Psychology*, 71, pp.118-128.

Steiner, D.D. and D.M. Truxillo (1987), "Another Look at the Job Satisfaction-Life Satisfaction Relationship: A test of the Disaggregation Hypothesis", *Journal of Occupational Behavior*, 8, pp. 71-77.

Tait, M., M.Y. Padgett and T.T. Baldwin (1989), "Job and Life Satisfaction: A Reevaluation of the Strength of the Relationship and Gender Effects", *Journal of Applied Psychology*, 74, pp.502-507.

Trafton, R.S. and H.E.A. Tinsely (1980), "An Investigation of the Construct Validity of Measures of Job, Leisure, Dyadic, and General Satisfaction", *Journal of Leisure Research*, 12, pp.34-45.

Veroff, J., E. Duvan and R.A. Kukla (1981), *The Inner American*, Basic Book.

Warr, P., J. Cook and T.D. Wall (1979), "Scales for the Measurement of Some Work Attitudes and Aspects of Psychological Well-being", *Journal of Occupational Psychology*, 52, pp.129-148.

小野公一（1992）「職務満足と生活満足感の媒介変数についての実証的研究」『経営論集』27巻3号、pp.23-50。

高橋昭夫（2000）『現代商品知覚論』同友館。

Chapter 6

Etic and Emic Perspectives of a Regional Cross-Cultural Delphi Study
— Quality of Life in the United States and Japan —

Patrick H. Buckley · Akio Takahashi

Abstract: Regional cross-cultural comparative studies of Quality of Life (QOL) have become a very rich area of research. In this research much attention has been paid to etic (universal) and emic (cultural bound) perspectives as they effect the development of research instruments. Attention now also is beginning to focus on how etic and emic perspectives affect the outputs of these studies. Especially, work has been done on the universality across regions and cultures of QOL domains and factor loadings of the indicators making-up these domains. What has been little studied to date is etic and emic perspectives embedded in research methodologies themselves. In fact for the Delphi methodology the researchers have yet to find any studies that have specifically investigated the possibility of etic and emic impacts upon its operation and subsequent results. Since a major objective of the Delphi technique is to remove group bias as its focuses on the individual; it hopes to create a result in which neither the community nor dominant actors can impact upon the decisions of the individual. It is important to determine if this works as universally as is proposed. Based upon regional cross-cultural Delphi studies of future trends in QOL performed by college students in the United States and Japan, the researchers assessed the etic and emic perspectives of the Delphi technique itself. The results showed that despite clearly different cultural perspectives on relationship between the individual and the community, in both cases the Delphi study performed as an etic process.

Keywords: ETIC, EMIC, DELPHI, QUALITY-OF-LIFE, JAPAN, UNITED STATES

1. INTRODUCTION

The overarching goal of this research program is to apply Delphi methods as commonly employed in a future orientated Foresight program to identify issues that small and medium sized cities will face over the future as they seek to maintain and enhance their Quality of Life (QOL) and to perform this research in a cross-cultural comparative context between the United States and Japan.

To accomplish this goal, the research will be executed in a series of iterative and potentially recursive steps, starting with pilot studies to build research instruments and hone research skills that will lead to the application of the perfected methodology to two small Sister Cities; Tateyama, Japan and Bellingham, WA. This will enable the investigators to learn and critique the tools and methodology being applied and adjust and sharpen the focus of their skills as the project progresses and especially enable them to be conscious of and alert to cross-cultural nuances that can impact on the results.

Chapter 6 Etic and Emic Perspectives of a Regional Cross-Cultural Delphi Study

The research is thus divided into two phases. The first phase, a portion of which is reported on here, began with independent but parallel student based pilot studies in both Japan and the United States. These studies utilize the Delphi method to investigate expected future directions or *foresighting* of QOL issues that impact upon the daily lives of students. This phase has and continues to provide valuable information and experience for the researchers as they develop their research skills and tools and evaluate methodologies. In particular, as detailed in this paper, these studies have helped refine research instruments and provided evidence confirming the validity of the Delphi approach to this type of research. In phase two, panelists will be drawn from the Sister Cities of Tateyama and Bellingham. Although the research is structured into two phases, this does not mean that a strictly linear progression should or will be followed. Instead, flexibility is built into the system meaning that if issues arise in phase two studies requiring changes to research instruments, additional phase one studies can be performed to address these issues. In addition, it is possible to continue phase one studies even after phase two has been begun, and use both of these processes to inform the over-all research program and produce the best possible tools and results.

This paper reports on the Japanese portion of pilot study from phase one. In the pilot study independent Delphi panels of students in the United States and Japan were asked to project major QOL issues that students at their respective institutions would face a decade into the future. The two primary objectives of the pilot study were:
   1. To investigate and develop an understanding of how cross cultural differences affect the planning, application, and operation of a Delphi

based *foresighting* study. Thus, the question to be answered is does a similar process actually occur in each place or does culture and society inform the process to such an extent that instead of a universal technique an applied American Delphi methodology and an applied Japanese Delphi methodology each emerge?

2. Regardless of how similar the methodologies are or are not, how closely are the results aligned and how well do they relate to major domains identified in QOL research? Do we or do we not find a similarity of themes to be addressed at each locale? If differences do exist are they a result of differences in conditions at the present, which is the point of departure, which may imply eventual convergence but beyond the scope of the study, or are divergent or parallel structures the rule. That is, are our two societies poised on the same or on quite different paths to follow into the future one American and one Asian?

This paper reports on the first goal for the Japanese student panel. It specifically looks at the cross cultural applicability of the Delphi technique in a Japanese context under conditions where the panelists could if they wish thwart method's basic assumptions of anonymity and controlled conversation. Results from goal two will be are reported in a later paper.

As noted above, this paper represents a preliminary but very important step in much larger research program. It is organized into four parts. (1) The first part defines and discusses QOL as an end goal, *Foresighting* as the organizational tool, and finally Delphi as an investigative methodology to drive the process. (2) The etic (universalizing) and emic (culture bound) nature of cross-cultural

Chapter 6   Etic and Emic Perspectives of a Regional Cross-Cultural Delphi Study

studies is defined and a discussion is provided of how this impacts on the current research program. Specifically, this discussion focuses on first, the steps necessary to develop cross-cultural instruments for investigating QOL. Second, it addresses the fact that even if a truly etic or universal research instrument is developed, emic or culture bound perspectives may still be present in the results. Finally, issues are raised concerning how universal or culture bound the Delphi method is and how this could be evaluated in the present study. (3) The structure and organization of the current studies utilizing panels of American and Japanese students to define and evaluate decadenal changes in student QOL is laid out. (4) Results for the Japanese part of the study and analysis are then presented with a focus on the universality of the Delphi method. (5) Finally, in the concluding section lessons are drawn from this pilot study and directions set for future work.

2. QUALITY OF LIFE, FORESIGHTING AND THE DELPHI METHOD

Before laying-out the detailed steps to be executed in this research, three key concepts to our investigation of small urban areas will be defined and discussed: Quality of Life (QOL), Foresighting, and the Delphi Method. These represent in turn the ultimate goal (QOL), an extremely useful organizational structure (Foresighting), and the methodology (Delphi) related to both of these and at the heart of this study. That is, although the focus of our current study is an investigation of the possible impacts of culture on the Delphi methodology for a panel at the college level, it is done in the context of pursuing a high QOL through a Foresighting exercise.

2. 1 Quality of Life (QOL)

A high QOL is the ultimate goal of all human societies, even though our definitions of this condition remain multiple and imperfect. This has led Bloom et al. (2001, 13) to note that... "the concept is important despite (or even because of) its lack of precision."[1] However, at its most basic level, QOL is defined as long term satisfaction and well being for groups or individuals within their social and material environment. It can include objective and subjective measures of factors in an environment that are evaluated through both a cultural lens and the group or individual's current position in society. Thus, a high quality of life should be indicative of a great deal of contentment with the conditions under which people are living, while low QOL should be indicative of disaffection perhaps even resentment or despair at the extreme.

In many studies indicators of a high QOL include quantitative objective measures such as (1) access to material goods and services, (2) physical well being and longevity that results from access to the former items at optimal levels, and (3) the possibility of self-fulfillment through adequate educational and employment opportunities, and participation in social, political, and cultural institutions.

In addition to the objective factors, subjective qualitative evaluation of the situation a group or individual finds himself/herself in is also crucial to understanding QOL. For example, such subjective, qualitative measures have proven to be of great importance in understanding QOL for elderly and criti-

---

[1] Liu (1976) has suggested that the number of definitions of QOL is only limited by the number of people creating them. A short list of definitional references includes Campbell *et al.*1976; Cummings, R. 1998; Dalkey and Rourke 1972; Granzin 1987; Liu 1976; McCall 1976; Sirgy 2002; Wish 1986.

cally ill patients in studies by the health profession. So too, one could speculate that the current aversion of many young people in Japan to raising children is a direct result of a subjective evaluation of their physical and social environment. (See Jolivet 1997) Although the Japanese physical environment has shown little if any deterioration in the past decade, it apparently does not meet the changing expectations of many members of a new generation of potential parents.

Subjective evaluation also intersects with the cultural milieu of the subjects being evaluated. Happiness and contentment have much to do with meeting expectations defined by one's society and peers at a given time and place. For example, different societies accept greater or lesser constraints on individual freedom and preferences versus the good of the whole. They also view the resources inherent in an environment through highly colored cultural and technological lenses.

Rising expectations, especially among the young, mean that QOL is a constantly moving target. Further, QOL is directly related to one's own position in society and one's own stage in the life cycle. With societies facing aging populations and declining birth rates, the question of allocation of limited resources will have a distinctly generational bias. Whose QOL will be pursued first? In democratic societies, where majority rules, will the best interests of future generations be fully weighed? Or, will a growing block of aging voters discount the future in favor of greater resource use for their needs in their declining years. Such issues of temporal optimization have always proven to be troublesome in resource allocation. However, this ignores an even more basic question of who is defined as a full member of society and at what level of participation? Is there ethnic, religious, or gender bias? Do such constraints, cultural or otherwise, limit the ability of some members of society to fully benefit from the material rewards available in the system? How does this affect individual QOL?

QOL measurements were first conducted in the 1930s (Wish 1986), although Land (2000) traces their more complete study to the development of social indicators in the 1960s. They have extended over many fields of study including the social sciences, geography, health care, business, politics... and have a wide variety of geographic applications at many spatial scales. In 1979 Morris (1979) developed the Physical Quality of Life (PQOL) index as one of the earliest attempts to extend the field globally and compare all industrialized and non-industrialized economies with a measure based on infant mortality, life expectancy, and literacy. PQOL was hailed for overcoming many of the shortcomings of earlier simplistic Gross Domestic Product (GDP) per capita studies. Numerous global QOL measures and studies followed, perhaps the best-known variant being Mahbub ul Haq's work in 1990 on the Human Development Index (HDI) for the United Nations Development Programme (UNDP 1999). HDI also includes measures of life expectancy and literacy, but returns GDP per capita to the list of variables by adjusting it to a variation known as "real GDP per capita" based on Purchasing Power Parity (PPP). In sum, HDI focuses on ... "leading a long life, being knowledgeable, and enjoying a decent standard of living" (UNDP 1999). Both of these, PQOL and HDI, by focusing on objective physical outcomes like health and education, attempted to avoid cultural or political interpretations of measures. Yet even here there are problems. For example, there are no absolute international standards of literacy only culturally and locally defined statistics that are often

Chapter 6 Etic and Emic Perspectives of a Regional Cross-Cultural Delphi Study

adjusted to meet political agendas.

Although these studies are of a fairly recent nature, the concept that resource accumulation alone is not directly equated with satisfaction with one's life and environment is quite ancient. Sen (1999) cites Aristotle's warning that wealth is but a tool that may be useful in seeking happiness, and he further cautions that even the definition of true happiness or contentment is debatable. Nevertheless, higher economic development has generally been seen as the best path to a high QOL. However, inherent in development are additional stresses on the physical and social environment. Environmental pollution and deterioration is still seen by many developing countries as an inevitable albeit short-term phase to be passed through on the road to higher QOL [2]. However, even highly industrialized economies have been loath to give up the perceived QOL benefits of certain technologies even in the face of extremely dire predictions concerning the future such as global warming. Even despite the ever mounting body of evidence that a number of past civilizations radically declined or collapsed when they failed to adjust their consumption patterns to changing resource conditions (Diamond 2005), many current leaders still cling to the belief that any limitation placed on current patterns of economic consumption and growth are also a direct threat to future QOL, instead of the reverse [3].

On the social side, the advanced economies have yet to fully understand the

---

2) For example until quite recently China had an unwritten policy that protection of the environment would not be an objective of development for the next decade (United States Embassy — Beijing 1998)
3) On the other hand a number of academics have challenged this deification of ever increasing consumption and are suggesting that a QOL based social paradigm can lead to a more sustainable, satisfying, and ethically based future (see Kilbourne *et al.* 1997).

consequences of the ever-accelerating modern global economy. What role personal and global stress has to play in issues such as reproduction patterns, alienation and marginalization of groups, mental pathologies, or even international terrorism begs for much additional study. QOL can no longer be viewed as only longevity, education, and income; a place like Japan has all of these and at record levels and yet it is threatened with long-term demographic extinction as a distinct culture and society given current fertility rates.

Geographically, applications of QOL studies have been widespread. Perhaps the best known of these applications has been in two areas, ranking best locations and tracking the development of regions of the world with measures like HDI which are annually updated by the UNDP. Of these two applications ranking locations has practically become a cottage industry. Numerous groups and organizations constantly release rankings of places that best meet their definitions of high QOL for a particular segment of society. The purpose of such studies seem to be not so much recognition of winners as attempts to force losers to mimic the standards espoused by the group creating the measure. Nevertheless, applied QOL studies are useful information for policy and planning purposes.

Scale plays an important part in these studies both socially and spatially. Socially, scale varies between measures focusing on the individual or a small group versus some larger community. Spatially or geographically the same dynamic is being applied, but based on location rather than social disaggregation. Each of these reveals a different part of a complex whole. Geographers have long known that variations in scale can easily hide, confuse, or dilute very real patterns (Taylor 1977). For example, complex patterns of QOL

Chapter 6 Etic and Emic Perspectives of a Regional Cross-Cultural Delphi Study

across urban areas can be lost if city block level information is aggregated into much larger wards or other politically defined regions that mask highs and lows with more acceptable averages. Surprisingly, too much disaggregation can be equally confusing. Clusters at one scale can become random patterns at a finer level of spatial disaggregation. No standards have or perhaps even can be developed as to the proper level of spatial aggregation/disaggregation, only a cautionary rule that states that sensitivity analysis needs to be preformed at different scales in order to fully understand patterns across a region.

To conclude this section, it is clear that QOL as a concept is a combination of objective and subjective measures interpreted by a segment of society. Further, the geographic scale used, data accessed, and measurement methodology applied all effect QOL studies and their results. Hence, an understanding of the choices made in pursuing any study is critical in fully understanding the applicability of the results. This in turn leads to our need to investigate how groups in Japan and the US view, interpret, and potentially apply their understanding of QOL.

Table 1   Three Generations of Foresight

- **First Generation:** Technology forecasts, driven mainly by the internal dynamics of technology;
- **Second Generation:** Foresight in technology and markets, in which technological development is understood in relation to its contribution to and influence from markets; and
- **Third Generation:** in which the market perspective is enhanced by inclusion of the social dimension, meaning the concerns and inputs of social actors. A similar concept has emerged in research policy more broadly, notably in the European Union's Fifth Framework Programme (Caracostas and Muldur 1997 as cited in Georghiou, 2001).

2.2 Foresight

The pursuit of high QOL requires a good understanding of future issues and opportunities. Such forward looking activities have come to be called Foresight, where *Foresight* is defined as... "a systematic, participatory, future-intelligence-gathering and medium-to-long-term vision-building process." (Gavigan *et al.* 2001). Foresight as a term and concept although first coined by Irvine and Martin (Irvine and Martin, 1984) has only recently been popularized especially through multiple applications since the 1990s and especially among European Union member states. The precise definition of this concept still remains in play (see Keenan, 2001) and even states applying Foresight programs have passed through a very recent evolution (see Table 1 for the three generations of Foresight). Keenan (2003) emphasizes that there is a difference yet overlap of Foresighting with the related field of planning, forecasting, and future studies. Without a universally recognized fully concrete and static definition of Foresight, it remains a bit challenging to understand if in fact Foresight truly represents a new field of endeavor or merely an extension and development of one or more of these older fields. For example in 1989 Martin and Irving defined what they called Foresight's five Cs:

- **Communication** — creating new linkages between groups
- **Concentration** — looking further into the future than traditional planning studies
- **Co-ordination** — creating productive partnerships where they previously didn't exist
- **Consensus** — shared vision creation
- **Commitment** — fully committed actors, willing and able to implement change based on the common vision.

Chapter 6 Etic and Emic Perspectives of a Regional Cross-Cultural Delphi Study

However, anyone involved in modern North American city planning at the neighborhood level, where community input and grassroots organizations are welcomed and empowered, would have little problem in identifying with at least four of these five Cs. The only confusion might be with the second, Concentration, but even this seems a bit of a misnomer, since in fact there is no recognized timeframe for Foresight studies, where they range from as short as 3 years to as long as 50, with the majority fitting well into the 15 to 20 year time frame of a typical urban comprehensive plan.

Keenan [2003], who has extensively discussed the relationship of Foresight to planning, forecasting and future studies, has presented a variation on the five Cs as what he defines as Foresight's "five essential elements":
- **Anticipation** and **projections** of long-term developments
- **Interactive** and **participative** methods of debate and analysis
- Forging new social **networks**
- Elaboration of **strategic visions** based on a shared sense of commitment
- Implications for present-day **decisions** and **actions**

These essential elements constitute what Miles and Keenan (2003) defined as "fully-fledged Foresight".

It seems clear that it is not the methodology of Foresight that is unique as much as its emphasis on technological change. Before reviewing its historical development, it should be noted that Foresight might be typified as an approach which assumes that if a place can stay firmly on a path of technologi-

159

cal advancement and exploitation, then all good things will follow. On the one hand this emphasizes that future development and growth of wealth requires new ideas solidly focused on ever increasing productivity, however an over simplistic approach that "more is better" seems to be caught-up too much by the cadence of the pied piper of progress without addressing more difficult and complex human and social issues. So why does Foresight seem to have this technological bias, and more importantly does it need to be so?

Table 2 Timeline of Technology Assessment with Its Military Roots

1944	Theodor von Karman prepares forecast of future technologies of interest to the U.S. Military
1945	Vannevar Bush authors "Science - The Endless Frontier". Outlines importance of continued research support, called for a National Research Foundation to promote such activity.
1946	Project RAND (Research and Development) established to look at inter-continental warfare in broad sense other than surface.
1959	Helmer and Rescher at RAND publish "The Epistemology of the Inexact Sciences" which argues that expert opinion is a valuable tool in creating understanding in areas where scientific laws are still undeveloped.
1960s	Dalkey and Helmer and others develop the Delphi Method to operationalize the use of collective expert opinion. Helmer authors "The Delphi Method" in March 1967 and Dalkey "DELPHI" in October 1967[4].
1970	Japanese Science and Technology Agency, using the Delphi method, begins periodic 30 year technology forecasts.
1980s	French begin their initiatives on Science and Technology
1989	Dutch begin their studies on Science and Technology
1990s	Upsurge throughout Western Europe and East Asia of similar studies.
1991	U.S. Congress establishes the Critical Technologies Institute.

Chapter 6 Etic and Emic Perspectives of a Regional Cross-Cultural Delphi Study

Foresight Timeline

1980s	Irvine and Martin coin the term Foresight with an emphasis on their 5 C's
1990s	European paradox recognized — countries that create world class research are unable to capitalize on it
1993	"Realizing Our Potential" a UK White Paper on science and technology, started the UK Science and Technology Foresight Program — First Cycle
1993	Germany copies earlier Japanese technology assessment program due to concern over cost of reunification
1995	Austria develops studies to replace technology importation, also begins studies on social impacts
1999	UK Foresight Program — Second Cycle, due to change in government look beyond science and technology include issues of quality of life and move from Delphi method to a "knowledge pool" website method.
2002	UK Foresight Program — Third Cycle, second cycle proved to be over ambitious and too diffuse, new cycle was much scaled down with more emphasis on exploitation of science and evolutionary organizational model where organization follows the problem definition.

The history of Foresight (see Table 2) as well as the Delphi Method has its origins in the closing days of World War II and Theodor von Karman's work on forecasting of future technologies that could be of interest to the U.S. Military. This is quickly followed up by Vannevar Bush's volume "Science - The Endless Frontier", and eventually leads to founding of the Rand Corporation. These early moves had a very strong science and technology focus with a rather straight forward utilitarian military-industrial goal. It is from this same Rand Corporation that emerges the idea of a Delphi Methodology to provide

---

4) For a detailed listing of Rand Corporation Delphi papers that came out at this time see http://www.rand.org/pardee/pubs/methodologies.html.

answers to questions that extend into the future and elude other means of solution. By the early 1960s Rescher, Helmer and Dalkey laid the framework for the applied Delphi model. The first large scale application of this method then occurs in Japan, when it began the first of its many periodic assessments of technology 30 years into the future. It is informative to understand that it is Japan; a nation denied a traditional military in the wake of WWII that pursues this methodology as a means of winning the economic battles of the later part of the 20th century. But, it still remains a highly utilitarian tool for technological advancement, and in this case the conquest of markets to come. Some might trace Foresight as a methodological tool to these early Japanese studies, especially given their direct influence on later studies established in places like Germany which in 1993 merely borrowed and translated earlier Japanese instruments to organize its first Foresight study. However, it does seem clear that the term Foresight was first coined in 1980s by Irvine and Martin along with their Five Cs discussed previously.

By the end of the 1990s Foresight and future technological studies had become so linked, that in many cases it was seen a *the* means for either establishing or realizing the full potential of a nation's science and technology based research and development efforts that would promise greater and future wealth generation. Questions of how this wealth was being developed beyond technical issues, how it was to be used, or how it impacted upon QOL seem to have been of only secondary importance if and when such things were considered at all. It is interesting to note that by the end of the 1990s socio-economic factors began to be seen as important parts of a Foresight study. Countries such as Austria and Hungary started this shift away from mere worship at the great alter of scientific and technological advancement. Germany with its

Chapter 6 Etic and Emic Perspectives of a Regional Cross-Cultural Delphi Study

FUTURES study which began in 2001 followed suit, as did the United Kingdom, which with the change in governments from Conservatives to Labour also began to include more socio-issues. However, in the UK case this shift was not completely smooth and by 2001 there was a restructuring of their Foresight programs that appears to have reasserted the ascendancy of technology in the process.

In summary, much as the Mayan Kings of old ascended their great temples to assert both their ancestral ties to the past as well as control over the future through blood sacrifice, Foresighting has emerged in the eyes of the technocrats as the sure means of generating future wealth streams by appropriate sacrifices of scarce national treasure on the alters of science and technological research and development. However, the Mayan Kings disappeared along with their temples and cities when they failed to adjust their understanding and governance tools to the socio-economic needs of their people under changing ecological conditions; what of our modern leadership? What began as an exercise to guarantee military prowess and security has morphed into a means of economic security through technological prowess. Can it successfully be morphed one more time to address the socio-economic and environmental needs as well? This question leads us to our final area in this section, what has been seen as a critical driver of most Foresight exercises, the Delphi Method.

2.3 Delphi Method

The Delphi Method, as apparent from Table 2, is an outgrowth of the same post-WWII process that led to Foresighting. The relationship of the two is that the Delphi method is a tool for providing information into the vision building process that is Foresighting. It is not the only tool available for inserting information into a Foresight project, others such as forecasting, questionnaires, focus groups, forums... are also available, but Delphi has a unique place in this process. The Delphi Method is a technique for obtaining information concerning hard to determine or unknown facts or visions of the future from a panel of "experts" using a method of anonymous and controlled discussion or interchange. Hence it differs from other means of data discovery in that it is not based on trend analysis, random surveys of large populations, or open group discussions. Each of these although valuable also has well documented flaws. Its purpose is to ferret out plausible answers to questions which defy other readily available means of discovery and then have them discussed and scrutinized by a panel of "experts". Such a panel of "experts" is made up of those highly involved in the area or issue about which the information is desired. Thus, these experts are called upon to rationally create and scrutinize answers to difficult questions which have unknown answers. The uniqueness of the approach is its method of anonymous and controlled discussion used to build support for one or more possible answers. On a given issue and question each panel member submits his or her response to a researcher controlling the study.

The researcher in turn then shares this information anonymously with all panel members. Organizationally, the study is conducted in a series of rounds. After each round results are grouped and tabulated and written discussion defending given positions by individual panelists summarized. All of this information is then shared with all panel members at the beginning of the next round, at which time panelists are invited to change or maintain their previous answers after reading the summary of comments and reflecting on the level of support for each answer. During each round, panelists are invited to provide whatever

Chapter 6 Etic and Emic Perspectives of a Regional Cross-Cultural Delphi Study

arguments and information that can be made to support their position and hence hopefully convince others to join them.

Although some have mistakenly stated that at the end of all rounds consensus emerges, in a true Delphi no such result is necessary, expected, or even desired, instead a stability of positions emerges which may or may not have converged. During, the process along with a summary of panelist provided discussion defending particular answers is a bar chart or histogram listing all answers and the number of panelists supporting each. This is released throughout the study, and it may influence panelists to more carefully reconsider their own position along with the summary of discussion. However, unlike an open forum there is no social pressure to join one group or another since the identities of individuals taking positions are confidential. Second, there is no floor to control in focusing the discussion. Since researchers summarize the positions of each faction on an answer down to the seminal argument, quiet voices are equally as important as those coming from verbose dominant personalities. Further, there is neither shame nor benefit from holding or changing one's position. The purpose is to provide the least biased, rational assessment of arguments and facts as they exist today in order to create the best understanding of the unknown.

Rounds end after a specified number or when it is determined that panelists have stabilized in their answers making further rounds fruitless. In a true Delphi, minority positions are treated as equally valid to majority positions and may in fact trigger further follow-up studies to understand why two or more positions are seen as valid answers to a single question.

An important concept to keep in mind about a Delphi study is that it taps existing information from the panelists. As a result a small number of types of responses emerge. First are those from panelists who have a well thought-out answer to a question in advance of the study and are not swayed by others ideas. The second type of panelists is those with some thoughts concerning an issue, but open to whatever new information is provided by the controlled discussion. These panelists are the most likely candidates to change their votes as the process proceeds and they learn more from other members. The third common type would be panelists without knowledge or background about a particular issue and hence would abstain on that issue, but have established opinions on other issues. It should be apparent from this discussion that any panelist could fall into each of these three categories for different issues in a single Delphi study.

3. ETIC AND EMIC PERSPECTIVES AND CROSS-CULTURAL QOL STUDIES

This section of the paper begins by defining the etic and emic perspectives contained in cross-cultural studies. Second it turns to how these perspectives affect the structure of a comparative study and especially the development of cross-cultural instruments. Third the potentially emic nature of results even when collected with an etic instrument is discussed. Finally, the issue of the possible etic or emic nature of the Delphi research methodology is raised laying the ground for the analysis provided later in this paper.

3.1 Defining Etic and Emic Knowledge in QOL Studies

The assessment of Quality of Life in a cross cultural/international context has

Chapter 6 Etic and Emic Perspectives of a Regional Cross-Cultural Delphi Study

raised important issues regarding the etic and emic perspectives of the measures used in the resulting index. These neologisms, etic and emic, were originally coined by the anthropologist Kenneth Pike in 1954 to refer to perspectives that were respectively universal or culture-bound. Simply, "the etic perspective ... relies upon the extrinsic concepts and categories that have meaning for scientific observers (e.g., per capita energy consumption)" hence universality while the ..." the emic perspective focuses on the intrinsic cultural distinctions that are meaningful to the members of a given society (e.g., whether the natural world is distinguished from the supernatural realm in the worldview of the culture)..." hence culture-bound understanding (Lett, 1996, 382). The use of these terms has expanded well beyond their original application in anthropological studies. They are now used by researchers in a very large number of fields as diverse as education, marketing, urban planning, public health and other medical fields, and even management to name but a few. These terms have become especially useful in the development, analysis, and understanding of cross cultural/international QOL studies.

When applied to QOL studies etic knowledge implies knowledge that can be scientifically collected and analyzed and who's meaning crosses cultural and international boarders. QOL indicators like life expectancy certainly meet these qualifications. Emic knowledge on the other hand has such a degree of local cultural content that its validation is not possible beyond the culture in which it resides. Religious concepts such as Christianity's concept of being "saved" or the Buddhist concept of "nirvana" represent such knowledge. Each represents a religiously defined state in which the ultimate quality of one's existence reaches a pinnacle, yet there is no true comparability between the two concepts. Each represents an entirely different view regarding the purpose and ultimate meaning of life itself, a view which does not translate across the borders of each religious culture.

In cross cultural QOL studies the importance of etic and emic knowledge has been primarily researched in two areas. First, scholars have long recognized that these two types of knowledge affect the content, language, and local understanding of questionnaires and other survey instruments when used in multiple geographic places and cultures. Second, research is just now beginning to emerge documenting the various ways in which different cultures respond to the same instrument. This of course is based on the assumption that the instrument itself represents a truly universal one devoid of emic bias. The significant variation in responses has been defined as an indication of the emic versus etic perspectives of QOL across different cultures. However, the researchers of this paper have found only limited investigation into a third important area, namely whether the application of different research methodologies and tools themselves may contain etic and emic perspectives. It is into this important area that this research paper wishes to focus. Specifically, this paper investigates whether the Delphi Method can be considered a universal technique or if in fact it is a culture-bound technique. That is the results of the Delphi Method affected by local cultural norms, meaning that rather than a universal etic methodology, multiple emic methodologies exist? A discussion of this avenue of research follows.

3. 2 Etic and Emic Perspectives and Research Methodologies
Before discussing the etic and emic perspectives of the Delphi method it should be noted that one of the most widely used tools in QOL instruments, the Likert Scale has been demonstrated to have strong emic qualities. Numer-

Chapter 6 Etic and Emic Perspectives of a Regional Cross-Cultural Delphi Study

ous studies of Likert Scales have demonstrated systematic bias in cross-cultural applications (Chen, Lee and Stevenson 1995; Lee *et al.* 2002; Leung 1989; Leung & Bond 1989, Stevenson *et al.* 1990; Stigler, Smith and Mao 1985). A common result is that cultures that stress collectivism over individualism tend to favor midpoint scores more than extremes, and vice versa. This of course suggests that carefully translating descriptive terms linked to Likert values, such as translating: *completely agree, strongly agree, moderately agree ... completely disagree* into a second language, may not be sufficient to guarantee a completely comparable result (Bullinger 1993; Sartorius and Kuyken 1993). Even a second approach, that suggests only providing descriptive terms for the extremes such as *completely satisfied* and *completely dissatisfied* and providing no terms for the values that fall between the extremes (Cummings 2002), may not properly address the issue. Cultural bias may simply cause groups to avoid certain parts of a scale thus creating relative scales with equally valid but variable ranges, that is scales having different maximums and minimums and increments. In some cases it may be possible to control for such variation through statistical tools like correlation or regression, and thus introduce corrections, but even here problems have been identified (Berry *et al.* 1992). However, the key concept being illustrated here is that methodologies even as simple as a Likert scale despite their appearance as an etic tool may have emic perspectives affecting cross-cultural comparisons. Now let us turn to the Delphi method.

To begin the discussion on the etic and emic perspectives of a Delphi study it should be to emphasized that a Foresighting Delphi Study, such as the one detailed here, does not so much foretell the future as it informs us as to what our panel believes the future will be. That is, whatever positions emerge from such a study may or may not come to pass, but they do represent particular views that are currently held and the level of support for each view. What the method tries to accomplish is to get the most accurate read of what panelists believe about the future within reasonable levels of precision that result from the sharing of ideas and positions through the controlled discussion of the methodology. The question to be raised here is how accurate might that result be? Are there culture bound rules that would affect and perhaps bias the results of a Delphi study?

Despite the widespread use of the Delphi technique around the world, it is important to note it was originated in the United States and with particular objectives tied to that culture. The controlled discussion method central to a Delphi study was to prevent dominant speakers from controlling the discussion thus giving equal value to input from all participants not just domineering ones or well organized lobbies. In addition, this technique also allowed for unbiased and ongoing learning through the introduction of new information offering the potential for the alteration of positions by panelists without rancor, repercussions, or embarrassment. In a place like the United States with its focus on individualism and equality where community decision making is accomplished through open meetings and extremely active if not downright rancorous lobbying for individual positions; it is noteworthy that the creators of the Delphi method stressed anonymity and controlled civil discussion. It is also noteworthy that this technique provides considerable protection to minority positions and only requires a stable final outcome, not consensus.

Japan, unlike the United States, is a country known for hierarchy and carefully orchestrated consensus building typified by a time consuming and torturous

Chapter 6 Etic and Emic Perspectives of a Regional Cross-Cultural Delphi Study

process called *nemawashi*. This method attempts to promote community goals while protecting individual autonomy. Hence much decision making is carefully negotiated and decided upon by all parties before an official meeting rubber-stamps the preordained result (Austin 1976). However there is no question of the power exerted by the group over the individual in Japan during this process, and also no question that even seemingly routine social interactions can become extremely difficult if the relative positions of the actors are not known in advance. This is where a Delphi might produce some very interesting and useful results. Without the overhead of social rank or group pressure, might a Delphi study render a truer and more complete view of the future by a group of actors then would be produced in any study that identified answers with the social positions of individuals and required a single consensus answer?

In both cases above it is clear that there are culture bound emic perspectives that impact upon community decision making in both countries. Also, it is clear that ideally the Delphi method provides an etic perspective that could temper the cultural constraints. The question then becomes when a Delphi study is actually applied, will it remain etic or will ingrained emic perspectives heavily impact on the process? Two possibilities arise; the first is covert and the second overt. Under an overt scenario, a panelist might actively seek out the identity of other members, a task of not great difficulty when a study is conducted among a small community of individuals as is the case here. Then, in a Japanese context the individual might seek out a consensus position to join and not become the "nail that sticks-out". On the other hand in an American context, the individual might use the opportunity to lobby for support of their own position. In a more covert situation, panelists coming from a more com-

171

munity based culture might migrate towards a single position feeling uncomfortable in minority clusters or as an outlier regardless of their anonymity. Evidence for such a result could be a dominance of unimodal results with very small dispersion, especially when the results were compared to a similar study in another culture. On the other hand, panelists coming from a more individualist culture might ignore comments or knowledge provided through the controlled discussion. As a result, they would demonstrate no appreciable movement in positions during the studies rounds, thus thwarting the method's value as a learning experience.

The researchers are unaware of any attempts to test the possible emic perspectives of the Delphi method. It is clear that since its origination in the United States in the 1960s the technique has spread around the world with little regard to this issue. Even so much so that when Germany decided to apply the method for its own technology foresighting study in 1993, it directly translated and applied the Japanese materials that had been first used in 1970. This study seeks to address this issue directly by using exit interviews to look for evidence of overt attempts to thwart the anonymity and controlled conversation of the method through direct contacts initiated by panelists outside of the control of the researchers. If found this would call into question the etic nature of the technique. Second, by analyzing the change of results throughout the rounds in different cultures, evidence for covert emic impacts will be investigated. However, a cautionary note must be raised with these techniques. Although they might indicate necessary conditions for identifying emic impacts on the Delphi method, they do not categorically provide sufficient conditions, additional study would be necessary to come to such a conclusion.

4. STRUCTURE AND ORGANIZATION

Etic and emic perspectives are very useful organizing principles when executing cross-cultural studies. However a second way of further understanding how culture intrudes into studies of this nature is to divide the issue into linguistic and social organizational aspects. Before proceeding with this discussion it of course must be noted that societies don't exist without language nor languages without societies. However, despite this symbiotic relationship when research is performed linguistic issues are generally handled in instrument development, but it appears that social organizational ones are not as directly addressed. Instead it is generally assumed that if the instrument is administered in the same fashion in each culture equally valid results will be obtained. That is a linguistically etic instrument presented to target audiences in separate cultures in the same fashion (say by oral interview, written questionnaire, or other preordained but consistent manner) will result in equally valid results. Basically this assumes that a culture will not "cheat" and provide biased results, for example create group answers when individual ones are sought.

As noted previously, a major objective of this study is to investigate how cultural differences affect the planning, application, and operation of a Delphi based Foresighting study. Thus a great deal of care was applied to the structure and organization of this study and when possible an exit interview was utilized to additionally explore for any social organizational impacts that would bias the integrity of the etic nature of the methodology.

This section is divided into three parts and details how the research was structured and organized. The first part provides background information on the Delphi panels selected in both the Japan and the United States. The next part discusses the development of the instruments used in the study in light of etic and emic issues. Finally, the last part discusses application of the instruments during the study including the use of an exit questionnaire when possible.

4.1 Panel Backgrounds

Since the purpose of this study was to search for cultural variations in use of the Delphi methodology while honing the researcher's skills, less stress was placed on the expertise of the panelists or the results they provided for foreseeing the future than might be the case in other Delphi studies. Students were sought from classes taught by the two researchers under the assumption that they provided a fairly random sample of college age students in their two cultures at least to the extent of how culture would intrude upon the application of the Delphi method. Thus, more emphasis was to be placed on how the panelists reacted within the study and less on the results produced. Although the results were still carefully scrutinized to make sure that they were producing reasonable information.

As noted above, each panel was drawn from classes taught by one of the two researchers. The American student panel was selected from courses at a mid-sized 4 year comprehensive public university of approximately 10,000 students located in a small coastal urban community in the Pacific Northwest. The university's student body is generally drawn from a large urban megapolis just over an hour's drive from the school. Foreign students make up less then 1% of the school's enrollment, however there was no evidence of any participating in the study. On the other hand, the Japanese student panel came from a large private research university of over 30,000 students located in Tokyo. This school's student body is drawn from throughout Japan, but the Tokyo megapolis is the single largest contributor to the school's enrollment. Here to, the vast majority of the students are Japanese and again there was no evidence of foreign student participation in the study.

Method of panelist recruitment provided the first evidence of social organizational differences between the two cultures. At the American researcher's university, he was allowed to recruit panelists only after the research instruments were reviewed by an independent "human subject committee" and a contract was drawn-up specifically defining the rights of the panelists [sic. student participants], including their right to withdraw from the study at any time. It was also extremely important that the research occur outside of a class and that each panelist be assured of the confidentiality of their responses and their freedom from any coercion in agreeing to participate in the study. Approximately 15% of the potential students in the American researcher's courses agreed to participate, for a panel of 10 members.

In Japan the situation was much different. The Japanese researcher also looked to his courses for panelists, but by simply indicating that the research would be run as an exercise during the class. No official oversight was required to perform the research and although no coercion was used to assure participation, it was generally understood by students that they should participate and most did, however some did not participate in all rounds or in the exit survey. The Japanese panel size was 23 members, however only 17 filled-in the final exit survey..

One last issue to address is the difference in the type of students recruited. In the United States, the researcher teaches Geography courses and utilized three courses; one on the World Economy, a second on regional modeling, and a third a graduate level statistics course. These courses were used under the assumption that many students in each of the three courses would have an interest either in a cross-cultural study and/or learning a new modeling technique through hands-on participation. In addition, it should also be noted that the Geography Program at the American School is housed in an Environmental College. In Japan, students were recruited from a marketing course taught by the Japanese researcher in a Business College. As a result, a number of differences existed between the panels especially degree of motivation for participation in the study and the possible future outlook of students based on their major field of study and career goals. However, despite these differences, as noted above, it is assumed that each group's social interactions are highly representative of the culture from which they are drawn.

4. 2 Instrument Development

Ideally a *decentering* method would have been used in instrument development, but several factors especially limited time and financial resources prevented such an approach. A small research grant was obtained through Meiji University that provided partial funding for instrument development, especially translation and back translation. However, the size of the grant was such that only a single translator could be employed for each task and only sequentially not simultaneously. In all fairness the resultant method could be more closely described as a "close literal" one, but certainly one which included aspects of both the "decentering" and "advance" methods. The mono-lingual American researcher initiated the process in English, which was then reviewed by the bilingual Japanese researcher and then passed to the native Japanese translator in Japan. As development of the primary English instrument proceeded, materials were e-mailed between the researchers until a complete draft was produced. These were then passed to the translator for a first attempt at translation into Japanese. Following this all three meet for several days in Tokyo as a committee to produce a final version. As one might expect, during this meeting much time was spent paraphrasing the original English instrument into Japanese to insure that in the translation conceptual integrity was maintained. In cases where simple paraphrasing was not sufficient given the fact that statements or questions designed by American researcher might not be useful or even appropriate in a Japanese context, the original English document was altered. Thus, the final result was far more than a "close literal" translation, but not fully a "decentered" or "advanced" translation.

After a final Japanese draft translation was produced, this was back translated by a bilingual native English speaker and the results compared to the original English document by the researchers. Since such effort had been put into the creation of the original English instrument, very little adjustment was needed after back translation.

4.3 Application: Delphi Rounds of Data Collection, Discussion and Analysis

During the Delphi process, data was collected from individual panelists by the local researcher, analyzed and summarized before being shared anonymously with the full panel. This proceeded through a series of rounds where panelists were asked to provide their responses and discuss why they have made the choices they did. All communication was channeled through the researcher via anonymous e-mail accounts and summaries of results on group web pages. Panelists always received summarized results of materials provided by the group as a whole, at no time was a panelist's name associated with a position or written comment.

To assure confidentiality and anonymity of communication, each panelist was offered a randomly generated e-mail address or instructed in how to create their own new one for the study.

Four rounds, were executed in this study. The first was a brainstorming round to establish major themes that would affect future student QOL, the second ranked and scored these themes, and rounds three and four were opportunities for panelists to reconsider their earlier scores. Following the four rounds an exit questionnaire was administered. To date the Japanese panel completed all four rounds plus the exit questionnaire; the American panel however has completed only the first three rounds. Specifically, in Japan, after the four rounds of the Delphi were completed, in an exit questionnaire each panelist was asked to critique the final results of the study and the process used. In addition, panelists were asked if they used outside sources or consulted with others including other panelists in determining their answers. Third, panelists were asked if knowing how others ranked the issues or if after reading the discussion provided by others defending their choices, if this affected the panelist's own responses. This provided a database for evaluating the etic and emic perspectives of the Delphi methodology.

Chapter 6 Etic and Emic Perspectives of a Regional Cross-Cultural Delphi Study

5. EXIT INTERVIEW RESULTS AND ANALYSIS

In the exit interview a total of 14 questions were asked that can be divided into two groups (Table 3). The first group focused on each student's personal evaluation and reaction to the study in particular and a Delphi exercise in general. The second group focused on a student's personal interaction with panelists and others during the Delphi process. This was the area of primary interest, since a major goal of this study was to determine how well this American designed methodology translated into a Japanese context, especially when the potential for thwarting its emphasis on anonymous, individual participation was readily available. In this section after a brief overview of the first group results, the results of the second group of questions will be evaluated in detail.

Table 3 Exit Interview Results

Part 1: Student Personal Evaluation/Reaction of the Study			
Likert scale with 1 low and 5 high.	Mean	Deviation	Median
Satisfaction with the study's final results.	3.1	0.7	3
Satisfaction with the use of e-mail and web pages in the study.	4.1	0.8	4
Satisfaction with the over-all study procedure.	3.2	0.8	3
Feeling that the study was fun and interesting.	3.2	1	3
Desire to participate in another Delphi.	2.6	1	3
Likert scale with 1 too long, 3 just right, and 5 too short.			
The amount of weekly time required for the Delphi was too long/short.	2.5	0.7	3
Exact number			
Number of hours spent per week on the Delphi.	1.9hrs	2.2hrs	1.0hrs

179

Part 2: Student Personal Interaction during the Study

Likert scale with 1 low and 5 high.	Mean	Deviation	Median
Did other's rankings affect your response?	2.2	1.0	2
Did other's discussion of issues affect your response?	2.7	0.9	3
Did you consult outside information for a response?	1.4	0.9	1
Did you consult friends in making a response?	1.4	0.7	1
How much did you change responses over rounds?	2.4	0.8	2
Categorical 1=Yes, 2=No			
Did you know others on the Delphi panel?	1.2	0.4	1
Did you consult with them?	2.0	0.0	2

By investigating individual student reactions to this study, we provide a benchmark or point of reference as to how useful and valid the entire process is perceived by panelists, a very important consideration. If, for example, the students are very dissatisfied with the process or apathetic to results being produced, there would be much less reason to interpret their interpersonal interaction as valid. Here we are arguing that a panel especially one of students that is disengaged, disinterested, or feels disenfranchised from a study at hand, will have a greater tendency to flaunt the rules of the exercise if it is expedient in making the task less onerous and more quickly extinguished. On the other hand, a highly motivated group, closely engaged in the activity, and wishing to establish ownership over the outcomes is much more likely to follow well established social norms that guarantee both a high quality and efficient outcome. The issue then becomes whether or not these social norms are or are not aligned with the behavior patterns expected in a Delphi study, which is then addressed in the second group of questions.

Chapter 6 Etic and Emic Perspectives of a Regional Cross-Cultural Delphi Study

In reviewing the results from the first group of questions it is apparent that the panelists demonstrate generally a moderate level of satisfaction with the exercise and its outcome. The only aspect of the study in which they registered a very high degree of satisfaction (a mean[5] of 4.1 on a scale of 5) was with the use of e-mail and web pages, perhaps more a reflection of the electronic savvy nature of Japanese society then anything related to the Delphi exercise itself. Generally, the students expressed satisfaction with the study's results (mean of 3.1), satisfaction with the study's procedures (3.2), and a feeling that the study was fun and interesting (3.2). One cautionary note is the fact that when asked if they wished to participate in another Delphi the mean was just below the midpoint on the scale (2.6) although the median was at the middle (3). A second cautionary note involves the amount of time required to participate in the study, where again the mean is a bit below the midpoint (2.4) although again

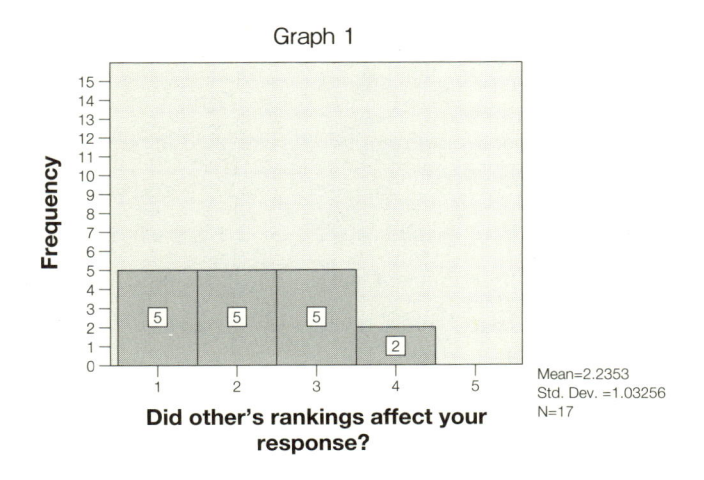

Graph 1

Did other's rankings affect your response?

Mean=2.2353
Std. Dev. =1.03256
N=17

---

5) Note that both mean and median are reported for all responses in Table 3 and they closely track one another. However, in interests of brevity this discussion focuses on the mean.

181

Graph 2

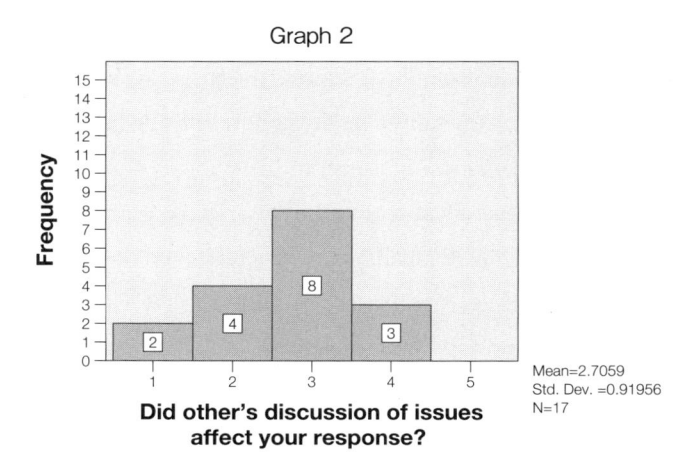

Did other's discussion of issues affect your response?

Mean=2.7059
Std. Dev. =0.91956
N=17

the median is in the middle (3). Perhaps it is the feeling that the time commitment is a bit too long that makes the students a bit hesitant to participate in another Delphi study. However, regardless of this logic it is clear that the students were not dissatisfied or resistive to the Delphi study. From this result we conclude that a culturally valid exercise has been conducted here.

The first two questions from group two investigated the impact of information generated during the Delphi process on a panelist's responses throughout the rounds. Questions were asked focusing on the impacts from the ranking of results and then on discussion summaries. Each had moderate impacts on panelist's responses in later rounds (means of 2.2 and 2.7 respectively). It is interesting to note that in fact the discussion had a slightly higher value, although with such a small sample no significance can be attributed to this difference. Histograms for these two questions (Graph 1 and 2), further develop these slight differences, however neither a two sample Kolmogorov-Smirnov nor Wilcoxon Signed Ranks test demonstrated a significant difference at an

Chapter 6 Etic and Emic Perspectives of a Regional Cross-Cultural Delphi Study

Graph 3

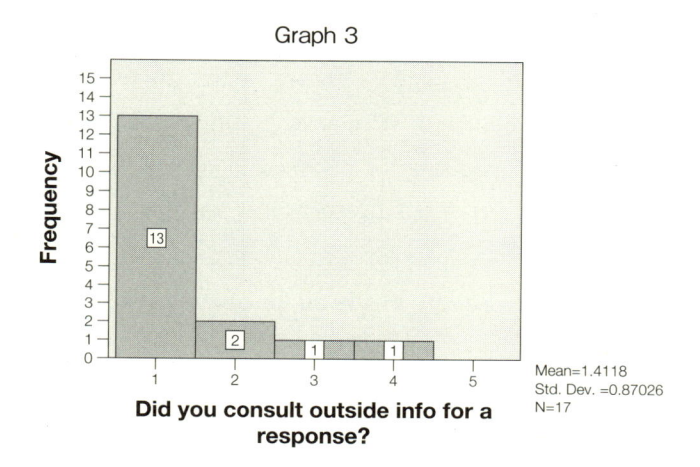

Did you consult outside info for a response?

Mean=1.4118
Std. Dev. =0.87026
N=17

Graph 4

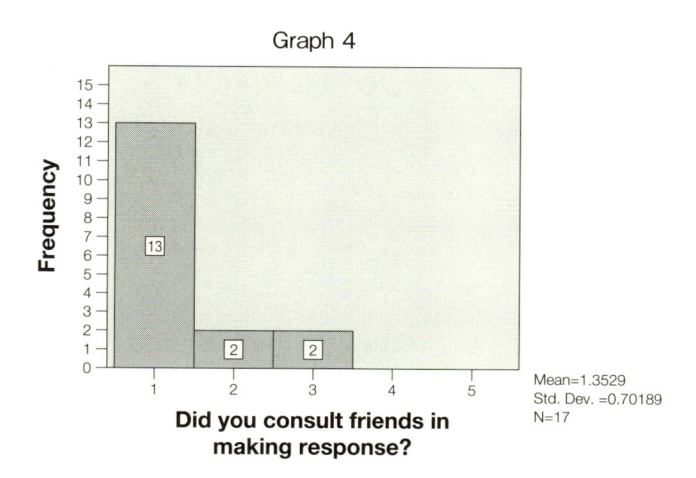

Did you consult friends in making response?

Mean=1.3529
Std. Dev. =0.70189
N=17

alpha 0.05 level (two tailed). However, a simple Sign Test would have been significant at the alpha 0.10 level (two tailed), suggesting a larger sample size might produce significant results.

The next two questions directly looked for indications that students were influenced by inputs available outside of the study itself. The first question addressed this issue broadly and the second specifically followed up by inquiring about consultation with friends, a highly probably way of quickly gathering such input especially in a communal society like Japan. From the histograms (Graph 3 and 4) and the means for each (1.41 and 1.35), two things are very clear. A very low propensity to look for input outside of the study and an apparently high propensity to rely on friends. This is interesting since the question addressing the use of additional information asked specifically, "Did you consult outside sources before providing answers to the various rounds of the Delphi Study (*such as books, magazines, newspapers...*)?" [Italics added here for emphasis]. Performing Spearman's Correlation (Table 4) on these

Table 4 Spearman's Correlation

Questions		Rankings Affect	Discussion Affect	Outside Info	Consult Friend
Did other's rankings affect your response?	Correlation				
	Sig. (2-tailed)				
	N				
Did other's discussion of issues affect your response?	Correlation	**-0.01**			
	Sig. (2-tailed)	0.98			
	N	17			
Did you consult outside info for a response?	Correlation	**0.45**	**0.13**		
	Sig. (2-tailed)	0.07	0.61		
	N	17	17		
Did you consult friends in making response?	Correlation	**0.25**	**-0.18**	**0.66**	
	Sig. (2-tailed)	0.32	0.50	**0.00**	
	N	17	17	17	
How much did you change responses over rounds?	Correlation	**-0.12**	**0.49**	**-0.12**	**-0.29**
	Sig. (2-tailed)	0.65	**0.04**	0.66	0.27
	N	17	17	17	17

Chapter 6   Etic and Emic Perspectives of a Regional Cross-Cultural Delphi Study

questions demonstrates the significance of the similarity between these two responses. What we can conclude from this is that the Delphi method of focusing upon the anonymous discussion inside the study was overwhelmingly followed, but for a small minority that ignored this rule they seem to have turned inward towards their closest confidants, their friends, and not towards any other types of input.

The final Likert scale question in group two dealt with how much panelists changed their responses over the rounds (Graph 5). Here we find a moderate, but definite indication of change. Only a tiny minority of respondents (2 out of 17), reported no change. The remaining vast majority of panelists reported a modest to somewhat frequent level of change (a result easily confirmed in the analysis of individual responses across the study's rounds).

A second result can also be teased out of this last Likert question. By again reviewing the correlation table, a significant correlation can be found (the only

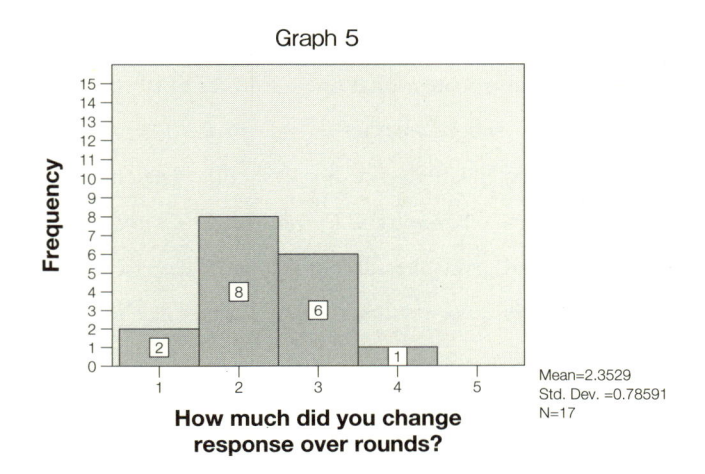

Graph 5

How much did you change response over rounds?

Mean=2.3529
Std. Dev. =0.78591
N=17

185

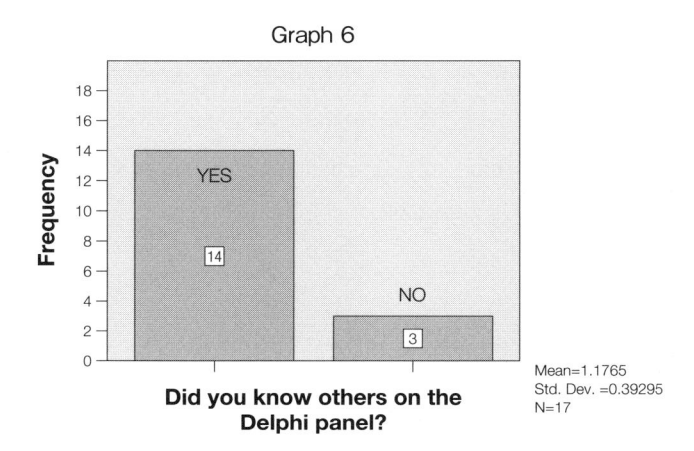

Graph 6

Did you know others on the Delphi panel?

Mean=1.1765
Std. Dev. =0.39295
N=17

YES: 14
NO: 3

other one) between propensity to change one's answer and the impact of the discussion provided in the Delphi exercise to affect such a change. No such similar result can be drawn between propensity to change one's response and simple ranking of results. This provides additional evidence that the Delphi being performed here is operating as the designers believed it would, as a vehicle for thoughtful and controlled discussion leading to the convergence of a stable set of answers[6].

The final two questions, categorical ones, were used to further probe for first the potential for students to interact outside of the Delphi methodology and second very specifically whether or not they did. The first question directly asked if students *knew* others on the Delphi panel. Overwhelmingly they did, as would be expected given the sample design of using classes to recruit the panel. However, it is quite interesting that three of the respondents reported that they did not. Here one must assume that in a Japanese context actually

---

6) Although we can not demonstrate stability from the exit questionnaire results, evaluation of the Delphi responses shows increasing smaller levels of change as the rounds progress.

Chapter 6 Etic and Emic Perspectives of a Regional Cross-Cultural Delphi Study

knowing other students in a class goes well beyond mere acquaintance. It should be kept in mind that unlike in the US or Europe, college in Japan is much less about academic learning and a lot more about developing lifetime social relationships. So a report of not knowing other students should be seen as carrying an important yet different meaning than in a Western context.

The next question inquired whether or not they consulted with those that they knew in the Delphi study. Here the answer was a resounding no. All of he 14 panelists who had responded that they knew other participants in the study indicated that they had not consulted any of them (Graph 7). The 3 panelists that did not respond to this question were the same 3 students that had indicated they did not know other panelists. This provides very strong confirmation to our conclusion that the student panelists operated in the Delphi exercise exactly as the American designers of this technique had expected.

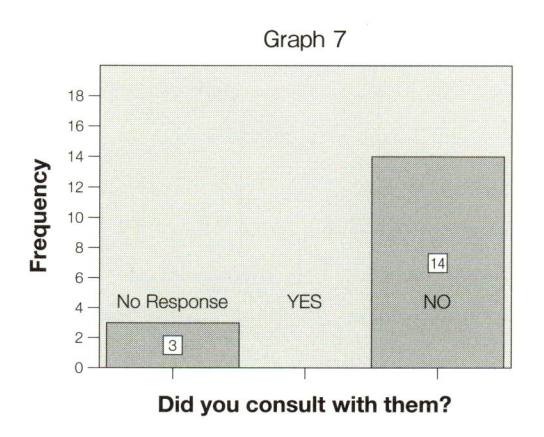

Graph 7

Did you consult with them?

Response	Frequency
No Response	3
YES	0
NO	14

6. CONCLUSIONS

This study clearly demonstrates etic nature of the Delphi methodology in the context of this study. It shows that despite the fact that there was the possibility of an emic reaction to the strictures of the technique; in fact the students with very few exceptions chose to utilize the technique. Only a small minority of students looked for information outside of the exercise, where they reported that they turned to their friends who were not fellow panelists. Further, the fact that students were influenced more in adjusting their responses by the discussion provided throughout the rounds then simply by gauging the rankings, indicates that the controlled discussion nature of the Delphi was utilized by the students. Finally, we can also conclude that the students did not find the exercise an unpleasant or onerous activity, although they showed only a moderate inclination to participate in another Delphi study.

Given the small size and narrowly focused nature of this Delphi panel, it cannot be categorically stated that under all circumstances that Japanese, even Japanese students, will use this technique in an etic rather then emic fashion. However, given the ease with which the anonymity of the responses could have been thwarted in this exercise, especially in the interests of spending less precious time by over-worked students, it is noteworthy that they did not do so. However, more and larger studies are warranted in order to better determine whether this study represents the norm or the exception. Finally, it is the authors' contention that more studies of this nature are needed least we accept results produced by a given methodology without critically evaluating its potential etic and emic perspectives.

Chapter 6 Etic and Emic Perspectives of a Regional Cross-Cultural Delphi Study

References

Adler, Michael and Erio Ziglio (1996), *Gazing into the Oracle: The Delphi Method and its Application to Social Policy and Public Health*, Jessica Kingsley Publishers: London and Bristol, PA.

Austin, Lewis, ed. (1976), *Japan: The Paradox of Progress*, New Haven: Yale University Press.

Berry, J. W., Y. H. Poortinga, M. H. Segall and P. R. Dasen (1992), *Cross-cultural Psychology: Research and Applications*, Cambridge; Cambridge University Press.

Bloom, David E., Patricia Craig and Pia Malaney (2001), *The Quality of Life in Rural Asia*, Oxford University Press: New York.

Bullinger, M. (1993), "Ensuring International Equivalence of Quality of Life Measures: Problems and Approaches to Solutions", in Quality of Life Assessment: International Perspectives, J. Orley and W. Kuyken, eds., New York: Springer-Verlag, pp.33-40.

Bush, Vannevar (1945), *Science, the Endless Frontier*. A Report to the President by Vannevar Bush, Director of the Office of Scientific Research and Development, July 1945, Washington, U.S. Government Printing Office.

Chen C., S. Lee and H.Stevenson (1995), "Response Style And Cross-Cultural Comparisons Of Rating-Scales Among East-Asian And North-American Students", *Psychological Science*, 6 (3): pp.170-175.

Cummins, Robert A. (2002), *Caveats to the Comprehensive Quality of Life Scale [and a suggested alternative]*. Retrieved July 11, 2006, from Deakin University, Australian Centre on Quality of Life: http://acqol.deakin.edu.au/instruments/Caveats_ ComQol_ scales.doc

Diamond, Jared M. (2005), *Collapse: How Societies Choose to Fail or Succeed*, Viking: New York.

Dalkey, Norman, Bernice Brown and Samuel Cochran (1969), *The Delphi Method*, Rand Corporation: Santa Monica, California.

Gavigan, James, Fabiana Scapolo, Michael Keenan, Ian Miles, Françcois Farhi, Denis Lecoq, Michele Capriati and Teresa Di Bartolomeo, eds. (2001), A Practical Guide to Regional Foresight, FOREN (Foresight for Regional Development Network), EC DG Research STRATA Programme. Report EUR 20128en. Retrieved from http://les.man. ac.uk/PREST/Research/foren.htm

Georghiou, Luke (2001), "Third Generation Foresight - Integrating the Socio-economic

Dimension", In: The Proceedings of International Conference on Technology Foresight, Tokyo, March 7 and 8, 2000; retrieved from http://www.nistep.go.jp/achiev/ftx/eng/mat077e/html/mat077oe.html

Helmer-Hirschberg, Olaf and Nicholas Rescher (1960), *On the Epistemology of the Inexact Sciences*, Rand Corporation: Santa Monica, California.

Irvine, J. and B. Martin (1984), *Foresight in Science*, Frances Pinter: London.

Jolivet, Muriel (1997), *Japan: The Childless Society?*, Routledge: New York.

Keenan, Michael (2000), "What is Foresight? A basic introduction ot concepts, methods, and utilisation.", presentation to Permanent Secretaries, Kingston, Jamaica, July 2000. retrieved from http://les.man.ac.uk/PREST/People/Staff/Michael_Keenan.html#papers

Keenan, Michael (2001), "Planning and Elaborating a Technology Foresight Exercise", a paper prepared for the UNIDO Regional Conference on Technology Foresight for Central and Eastern Europe and the Newly Independent States, Vienna, April 2001. retrieved from http://les.man.ac.uk/PREST/Download/Michael/UNIDO-Vienna.pdf

Keenan, Michael (2003), "Rationales for Foresight", presented at the Introductory Workshop to Research and Technology Foresight, ISPRA, Italy, May 22-23, 2003. retrieved from http://www.jrc.es/projects/foresightacademy/docs/JRCMKRationales.ppt

Kilbourne, William, Pierre McDonagh and Andrea Prothero (1997), "Sustainable consumption and the quality of life: A macromarketing challenge to the dominant social paradigm", *Journal of Macromarketing*, 17 (1), pp.4-25.

Land, Kenneth C. (1996), "Social Indicators and the Quality-of-Life: Where do We Stand in the Mid-1990s?", *SINET: Social Indicators Network News*, 45, pp.5-8.

Land, Kenneth C. (2000), *Social Indicators*, in *Encyclopaedia of Sociology, Revised Edition*, Edgar F. Borgatta and Rhonda V. Montgomery, eds., New York: Macmillan.

Lee, Jerry W., Patricia S. Jones, Yoshimitsu Mineyama and Xinwei Esther Zhang (2002), "Cultural differences in responses to a likert scale", *Research in Nursing & Health*, Vol.25, Issue 4, pp.295-306.

Lett, Michael (1996), "Etic/Emic Distinctions", in *Encyclopedia of Cultural Anthropology*, David Levinson and Melvin Ember, eds., New York: Henry Holt and Co., pp.382-383.

Leung, K. (1989), "Cross-cultural differences: Individual-level vs. culture-level analysis", *International Journal of Psychology*, 24, pp.703-719.

Leung, K. and M. H. Bond (1989), "On the empirical identification of dimensions for cross-cultural comparisons", *Journal of Cross-Cultural Psychology*. 20, pp.133-151.

Martin, B. and J. Irvine (1989), *Research Foresight: Priority-Setting in Science*, Pinter Publishers: London and New York.

Miles, Ian and Mike Keenan (2003), "Two and a Half Cycles of Foresight in the UK", *Technikfolgenabshatzung* 2 (12) Jahrgang-Juni 2003, pp.41-49.

Morris, M. D. (1979), *Measuring the Condition of the World's Poor: The Physical Quality of Life Index*, Washington DC: Overseas Development Council.

Pike, Kenneth L. (1954), A. Przeworski and H. Teune (1970), *The Logic of Comparative Social Inquiry*, New York: Wiley.

Sartorius, N. and W. Kuyken (1993), "Translation of Health Status Instruments", in *Quality of Life Assessment: International Perspectives*, J. Orley and W. Kuyken, eds., New York: Springer-Verlag, pp. 3-18.

Sen, Amartya K. (1999), *Development as Freedom*, Knopf: New York.

Stevenson, H. W., S. Lee, C. Chen, J. W. Stigler, C, Hsu and S. Kitamura (1990), "Contexts of achievement: A study of American, Chinese, and Japanese children", *Monographs of the Society for Research in Child Development*, 55 (Serial No.221).

Stigler, J. W., S. Smith and L. Mao (1985), "The self-perception of competence by Chinese children", *Child Development*, 56, pp.1259-1270.

Taylor, Peter J. (1977), *Quantitative Methods in Geography, An Introduction to Spatial Analysis*, Waveland Press: Prospect Heights, Illinois, USA.

United Nations Development Programme [UNDP] (1999), *Human Development Report 1999*, Oxford University Press: New York.

United States Embassy – Beijing (1998), "The Fading of Chinese Environmental Secrecy", *A Report from the U.S. Embassy Beijing*, March 1998, p.12. http://www.usembassy-china.org.cn/english/sandt/chplca.htm

Wish, N. B. (1986), "Are We Really Measuring the Quality of Life?", *The American Journal of Economics and Sociology*, 45, pp.93-99.

APPENDIX
Delphi Study of Major Quality of Life [QOL] Issues facing College Students in 2014.

Post Study Evaluation Form

Thank you for participating in the Delphi Study. One last thing we would like to ask you is to fill-in the accompanying questionnaire and e-mail it back to us. This will assist us in more fully understanding the results of this study and improving it in the future. Under any questions feel free to add your comments in addition to selecting and answer.

Part 1
Fill-in and Comment Answers:

Answer the following on a scale of 1 to 5:

Ranking Scale

1	2	3	4	5
Very Unsatisfied				**Very Satisfied**

Chapter 6   Etic and Emic Perspectives of a Regional Cross-Cultural Delphi Study

1. How satisfied are you with the final results of this **Delphi Study of Major Quality of Life [QOL] Issues facing College Students in 2014**. Here we are asking you to judge whether or not you think good, valid, and useful results have come from this study.

Level of Satisfaction _____ (enter a number from 1 to 5)

Comments (note you can add additional space if necessary):

2. How satisfied were you with the process of using e-mail and web pages to collect and share information in this study. Here we are asking if we should continue using e-mail and web pages or should we consider a different form of collecting and distributing information.

Level of Satisfaction _____ (enter a number from 1 to 5)

Comments:

3. How satisfied were you with the over-all process of this Delphi Study? Here we are asking if the process, from recruiting students, through all four rounds of controlled discussion, to the final results seems to be working well or not.

Level of Satisfaction _____ **(enter a number from 1 to 5)**

Comments:

4. Was this Study fun and interesting? Here we are asking if you enjoyed participating in the study, or was it boring and tedious?

1	2	3	4	5
Not at All				**Very Much**

Enter one of the above: _____ **(enter a number from 1 to 5)**

Comments:

Chapter 6 Etic and Emic Perspectives of a Regional Cross-Cultural Delphi Study

5. Would you like to participate in another Delphi Study?

1	2	3	4	5
No		**Maybe**		**Very Much**

Enter one of the above: _____ **(enter a number from 1 to 5)**
Comments:

6. Knowing that as a student you have a busy life and many other things to do besides participating in a Delphi study, please indicate whether the amount of time you had to devout to this Delphi study was too long, too short, or just the right amount of time. This will help us decide if the study could be shortened, lengthened, or kept the same in size.

1	2	3	4	5
Too Long		**Just Right**		**Too Short**

Enter one of the above: _____ **(enter a number from 1 to 5)**
Comments:

7. Each week how long did it take you to complete materials for this study? Here we are trying to find out how easy or how time consuming the Delphi study was.

Enter the number of hours: _____

Comments:

Part 2

1. In Rounds 3 and 4, how much, if any, were your rankings of the issues or their levels of importance influenced by the rankings provided on the web page? Here we are trying to find out if you were at all influenced by the ranking of issues or their reported level of importance as generated by totaling everyone's answers.

1	2	3	4	5
No Influence				**A Lot of Influence**

Level of Influence _____ **(enter a number from 1 to 5)**

Comments:

Chapter 6 Etic and Emic Perspectives of a Regional Cross-Cultural Delphi Study

2. In Rounds 2, 3 and 4 how much were your rankings of the issues or their importance influenced by reading the discussion of the issues provided on the web page? Here we are trying to find out if the comments provided by other panel members had any influence on your final answers.

1	2	3	4	5
No Influence				**A Lot of Influence**

Level of Influence _____ **(enter a number from 1 to 5)**
Comments:

3. Did you consult outside sources before providing answers to the various rounds of the Delphi Study (such as books, magazines, newspapers…)? Here we are asking if you went looking for additional information outside of the information provided by the discussion web pages in coming to your own answers.

1	2	3	4	5
No Never		**Sometimes**		**Always**

Enter one of the above: _____ **(enter a number from 1 to 5)**
Comments:

If you answered that you consulted outside materials then please describe the kinds of outside sources you used?

4. Did you consult with friends, classmates or other people before providing answers to the various rounds of the Delphi Study? Here we are asking if you discussed the various issues with other people around you and if this influenced your answers.

1	2	3	4	5
No Never		**Sometimes**		**Always**

Enter one of the above: _____ **(enter a number from 1 to 5)**

Comments:

Chapter 6 Etic and Emic Perspectives of a Regional Cross-Cultural Delphi Study

If you answered that you consulted other people in providing your answers, then please describe the kinds of people you consulted, such as other students, classmates, friends, family members…?

5. During the rounds of a Delphi study, some people tend to change their scores and rankings others don't. Which group do you belong to?

1	2	3	4	5
Never Changed		**Sometimes**		**Changed Frequently**

Enter one of the above: _____ **(enter a number from 1 to 5)**
Comments:

In the following three questions, we are asking if coming from a group of similar students at the same university resulted in informal discussion of the Delphi issues with other panelists.

6. Did you know anyone else that was involved with this Delphi Study as a panel member?
Enter one of the following: _____ **(YES, or NO)**

7. If you answered YES, then did you ever discuss the Delphi Study issues with this person or other panel member(s)?
Enter one of the following: _____ **(YES, or NO)**

If you answered YES above then could you please describe the number of panel members you discussed things about the Delphi Study with and the number of times?

Number of panel members _____

Number of times _____

Thank you again for your participation. Your comments here will be kept confidential and are quite valuable

◎執筆者紹介

澤内　隆志（さわうち　たかし）：第3章担当
　　1938年　北海道生まれ
　　1969年　明治大学大学院商学研究科博士後期課程修了
　　　　　　明治大学商学部助手、専任講師を経て
　　1976年　明治大学商学部助教授
　　1982年　明治大学商学部教授　現在に至る
　　専攻分野　商学経営論　マーケティング論
　　主な著書　『演習　店舗管理の基礎』（同友館）
　　　　　　　『マーケティングの原理―コンセプトとセンス』編著（中央経済社）
　　　　　　　『中小企業のための戦略計画』監訳（同友館）
　　　　　　　『サービス業のマーケティング―理論と事例』共訳（同友館）
　　　　　　　『マーケティング英和辞典』分担執筆（同文舘出版）
　　　　　　　『詳解マーケティング辞典』分担執筆（同文舘出版）

PATRICK H. BUCKLEY（パトリック　H．　バックリー）：第6章担当
　　1948年　米国生まれ
　　1988年　ボストン大学大学院修了（Ph.D）
　　1988年　ウェスタン・ワシントン大学　環境学部　専任講師
　　1993年　専任准教授　現在に至る
　　専攻分野　経済地理学
　　主な論文　*Regional Studies* などに掲載

藤井　秀登（ふじい　ひでと）：第4章担当
　　1966年　埼玉県生まれ
　　1999年　明治大学大学院商学研究科博士後期課程修了
　　　　　　明治大学商学部専任助手、専任講師、助教授を経て
　　2007年　明治大学商学部教授　現在に至る
　　　　　　博士（商学）
　　専攻分野　交通論　観光事業論
　　主な著書　『交通論の祖型―関一研究―』（八朔社）
　　　　　　　『現代の交通―環境・福祉・市場―』分担執筆（税務経理協会）

福田　康典（ふくた　やすのり）：第2章担当
　　1973年　佐賀県生まれ
　　2001年　明治大学大学院商学研究科博士後期課程退学
　　　　　　高崎経済大学経済学部非常勤講師、明治大学商学部非常勤講師を経て
　　2004年　明治大学商学部専任講師　現在に至る
　　　　　　修士（商学）
　　専攻分野　市場調査論　マーケティング論
　　主な著書・論文　『マーケティングの原理―コンセプトとセンス』分担執筆（中央経済社）
　　　　　　　「マーケティング成果指標としてのクオリティ・オブ・ライフ」『日本経営診断学会論集(7)』（同友館）

◎編著者紹介

高橋　昭夫（たかはし　あきお）：第1章、第3章、第5章、第6章、編集担当
　1959年　東京都生まれ
　1990年　明治大学大学院商学研究科博士後期課程退学
　　　　　明治大学商学部専任助手、専任講師、助教授を経て
　2001年　明治大学商学部ならびに大学院商学研究科教授　現在に至る
　　　　　博士（商学）
　専攻分野　商品学　マーケティング論
　主な著書　『現代商品知覚論』（同友館）
　　　　　　『経営学再入門』分担執筆（同友館）
　　　　　　『QOLリサーチ・ハンドブック』共訳（同友館）

2008年3月25日　第1刷発行

明治大学社会科学研究所叢書

QOLとマーケティング
――クオリティ・オブ・ライフ理論の構築をめざして

　　　　　　　　　　　　Ⓒ編著者　高　橋　昭　夫
　　　　　　　　　　　　　発行者　脇　坂　康　弘

発行所　株式会社　同友館

東京都文京区本郷6-16-2
郵便番号　113-0033
電話　03(3813)3966
FAX　03(3818)2774
http://www.doyukan.co.jp/

乱丁・落丁本はお取り替えいたします。　　三美印刷／東京美術紙工
ISBN 978-4-496-04388-8　　　　　　　　　　Printed in Japan

本書の内容を無断で複写・複製（コピー）、引用することは，
特定の場合を除き，著作者・出版者の権利侵害となります。